陈 进◎编著

抖音电商

短视频DOU+
快速起号
引流涨粉
门店推广一本通

清华大学出版社
北京

内容简介

如何进行短视频DOU＋快速起号？怎样提升DOU＋投放效果？如何为抖音账号进行引流涨粉？怎样对线下门店进行营销推广？这些关键的问题，你都可以从本书中找到答案，即使是新手，也可以成为抖音电商达人！

本书通过账号打造、内容生产、基础入门、DOU＋投放、站内引流、商品引流、粉丝沉淀、高效转化、蓝V运营、门店推广和抖音盒子这11个方面，对短视频DOU＋快速起号、引流涨粉和门店推广的相关内容进行了详细的分析，不仅能够让读者快速了解抖音电商运营，知晓短视频DOU＋快速起号的方法，还能让读者掌握对抖音账号进行引流涨粉的相关操作，以及推广线下门店的运营技巧。

本书语言简洁、通俗易懂，既适合有意向开通抖音电商或对抖音电商感兴趣的读者，也适合抖音平台的电商运营人员，以及想为线下店铺进行引流的门店运营者。另外，本书也可作为高等院校及培训机构的参考用书，对此本书提供了教学用的PPT课件和电子教案，可扫描封底的"文泉云盘"二维码获取。

本书封面贴有清华大学出版社防伪标签，无标签者不得销售。
版权所有，侵权必究。举报：010-62782989，beiqinquan@tup.tsinghua.edu.cn。

图书在版编目（CIP）数据

抖音电商：短视频DOU＋快速起号、引流涨粉、门店推广一本通 / 陈进编著. —北京：清华大学出版社，2023.10(2025.7重印)
ISBN 978-7-302-64719-5

Ⅰ.①抖… Ⅱ.①陈… Ⅲ.①网络营销 Ⅳ.①F713.365.2

中国国家版本馆CIP数据核字（2023）第192556号

责任编辑：贾旭龙
封面设计：长沙鑫途文化传媒
版式设计：文森时代
责任校对：马军令
责任印制：宋　林

出版发行：清华大学出版社
　　网　　址：https://www.tup.com.cn, https://www.wqxuetang.com
　　地　　址：北京清华大学学研大厦A座　　邮　编：100084
　　社 总 机：010-83470000　　　　　　　　邮　购：010-62786544
　　投稿与读者服务：010-62776969，c-service@tup.tsinghua.edu.cn
　　质量反馈：010-62772015，zhiliang@tup.tsinghua.edu.cn
印 装 者：三河市君旺印务有限公司
经　　销：全国新华书店
开　　本：145mm×210mm　　印　张：8　　字　数：218千字
版　　次：2023年10月第1版　　印　次：2025年7月第2次印刷
定　　价：69.80元

产品编号：101045-01

PREFACE 前言

目前，抖音短视频App仍然是国内拥有最大流量的短视频平台，抖音电商依旧享有着极大的流量红利。尤其是随着DOU＋功能的推出，刚入门的抖音电商可以通过DOU＋的投放，为自己的账号扩大可发展的空间。

DOU＋是抖音官方推出的一款内容加热工具，运营者只需投放一定的金额，即可购买DOU＋，从而提高自己账号及短视频的曝光量。DOU＋的投放可以为抖音电商运营者提供更多的营销加热技巧，帮助运营者推广抖音短视频及其抖音账号。

对于抖音电商运营者而言，除投放DOU＋之外，为账号及短视频进行引流、推广线下门店也是运营过程中必须掌握的两大技巧。只有这样，才能增加自己的账号和短视频的曝光量，推进线上、线下同步发展。

全书共有11章内容，主要从短视频DOU＋快速起号、引流涨粉和门店推广这3个方面进行阐述，具体内容安排如下。

（1）短视频DOU＋快速起号：第1章～第4章介绍了短视频账号、内容打造的相关信息，以及DOU＋的投放等内容，能够帮助读者快速运营起新的抖音账号、发布热门短视频，并进行正确、恰当的DOU＋投放。

（2）引流涨粉：第5章～第8章介绍了在抖音站内和站外的引流方法与技巧、利用短视频进行吸粉涨粉的运营技巧以及高效转化的变现技巧，帮助读者更好地为抖音账号进行引流涨粉，提高变现转化率。

（3）门店推广：第9章和第10章介绍了蓝V运营的相关技巧、门店推广的方法与技巧，帮助读者更好地为线下店铺进行营销推广。

除介绍上面这3部分内容之外，笔者还另外在第11章介绍了抖音盒子的相关内容，主要包括其引流方法和变现技巧，希望帮助读者更高效地推广抖音账号。

特别提示：在编写本书时，笔者是基于当前各平台相关的软件和后台截图进行编写的，但书从编辑到出版需要一段时间，在这段时间里，软件界面与功能可能会有所调整与变化，这是软件开发商做的更新，请在根据书中的思路学习时学会举一反三，不必拘泥于细微的变化。

本书由陈进编著，参与编写的人员还有刘芳芳，在此表示感谢。由于作者知识水平有限，书中难免存在疏漏之处，恳请广大读者批评、指正。

编者
2023年9月

第 1 章 账号打造：确定自身的运营方向 001

1.1 确定账号的定位 002

1.1.1 根据自身的专长定位 002
1.1.2 根据用户的需求定位 004
1.1.3 根据内容稀缺度定位 005
1.1.4 根据品牌的特色定位 007

1.2 设置账号信息 009

1.2.1 账号登录 009
1.2.2 账号名字 010
1.2.3 账号头像 012
1.2.4 账号简介 014
1.2.5 账号头图 015
1.2.6 账号信息 017

1.3 提高账号权重 019

1.3.1 提高账号权重的动作 019
1.3.2 避免账号被降权的行为 021

第 2 章 内容生产：掌握爆款的制作方法 023

2.1 知晓爆款内容 024

2.1.1 让用户一见钟情 024

  2.1.2 博得用户一笑 024
  2.1.3 治愈用户心灵 025
  2.1.4 融入独特创意 026
  2.1.5 设计反转剧情 027
 2.2 **策划优质脚本** **027**
  2.2.1 从商品出发 027
  2.2.2 从热门话题出发 028
  2.2.3 将脚本内容细节化 029
 2.3 **拍摄热门视频** **031**
  2.3.1 保证带货短视频的画质 031
  2.3.2 突出视频的主体和主题 033
  2.3.3 设计不同内容的拍摄技法 035
  2.3.4 合理安排各种物体和元素 040
  2.3.5 拍摄带货短视频的注意事项 042

第3章 基础入门：从零开始了解 DOU＋ 045

 3.1 **全面了解 DOU＋** **046**
  3.1.1 认识什么是 DOU＋ 046
  3.1.2 明白 DOU＋的主要作用 048
  3.1.3 认识 DOU＋的投放误区 051
  3.1.4 了解 DOU＋的投放模式 052
  3.1.5 了解 DOU＋无法投放的原因 057
 3.2 **正确投放 DOU＋** **061**
  3.2.1 判断是否该投放 DOU＋ 062
  3.2.2 选择合适的投放方法 063
  3.2.3 根据投放数据进行复盘 063

第4章 DOU＋投放：了解管理和实操技巧 069

 4.1 **进行 DOU＋投放** **070**
  4.1.1 找到 DOU＋投放入口 070
  4.1.2 直接投放 DOU＋ 072

4.2 管理DOU+投放 075
4.2.1 进行数据管理 075
4.2.2 进行订单管理 077
4.3 了解DOU+信息 078
4.3.1 账号升级 079
4.3.2 新手入门 081
4.3.3 直播教学 083
4.3.4 福利社 085
4.3.5 任务中心 089
4.3.6 常用功能 089

第5章 站内引流：吸引更多用户的目光 092
5.1 抖音引流的具体方法 093
5.1.1 硬广引流 093
5.1.2 合拍引流 093
5.1.3 评论引流 096
5.1.4 互推引流 097
5.1.5 矩阵引流 097
5.1.6 分享引流 098
5.1.7 收藏引流 100
5.1.8 抖音码引流 102
5.2 使用抖音相关功能引流 105
5.2.1 同城功能 105
5.2.2 朋友功能 106
5.2.3 商城功能 107
5.2.4 搜索功能 111
5.2.5 私信功能 114
5.2.6 直播功能 115

第6章 商品引流：实现流量的快速聚合 117
6.1 提升搜索流量 118
6.1.1 提升流量的精准性 118

6.1.2 整合搜索与电商业务ː119
6.1.3 认识搜索流量的排序ː120
6.1.4 了解流量的构成模型ː124
6.1.5 优化关键词的布局ː128

6.2 利用流量渠道ː130
6.2.1 爆款种草短视频ː130
6.2.2 DOU＋上热门ː132
6.2.3 小店随心推ː134
6.2.4 直播间主播券ː135
6.2.5 直播预告功能ː136
6.2.6 站外社交平台ː140

第 7 章 粉丝沉淀：创建你的私域流量池ː142

7.1 了解私域流量ː143
7.1.1 什么是私域流量ː143
7.1.2 为什么要做私域流量ː145
7.1.3 私域流量的好处ː146

7.2 通过微信导流ː148
7.2.1 账号简介展示微信号ː149
7.2.2 抖音号中展示微信号ː149
7.2.3 背景图片中展示微信号ː151

7.3 进行粉丝管理ː152
7.3.1 让"路人"变成粉丝ː152
7.3.2 让粉丝停留在直播间ː153
7.3.3 让粉丝准时观看直播ː154
7.3.4 培养高黏性的粉丝ː156
7.3.5 加入你的"粉丝团"ː157
7.3.6 给予不同福利ː158

7.4 提高粉丝存留ː159
7.4.1 增加内容的吸引力ː159
7.4.2 提供干货内容ː160

第 8 章　高效转化：增强电商的变现效果 161

8.1　了解常见变现方法 162
8.1.1　自营店铺直接卖货 162
8.1.2　帮人卖货赚取佣金 163
8.1.3　开设课程招收学员 163
8.1.4　通过直播获取礼物 164
8.1.5　多向经营实现增值 165
8.1.6　让粉丝流向其他平台 165
8.1.7　利用名气承接广告 166
8.1.8　出版图书内容变现 166
8.1.9　转让账号获得收入 167

8.2　借助营销引爆销量 168
8.2.1　活动营销 168
8.2.2　饥饿营销 169
8.2.3　事件营销 170
8.2.4　口碑营销 171
8.2.5　借力营销 172

8.3　利用抖店后台做好营销 174
8.3.1　购买优惠 174
8.3.2　限时限量 175
8.3.3　满减活动 177
8.3.4　定时开售 178
8.3.5　拼团活动 179
8.3.6　定金预售 181
8.3.7　拍卖活动 182
8.3.8　裂变营销 184

第 9 章　蓝 V 运营：获得更多门店运营权益 187

9.1　了解蓝 V 企业号 188
9.1.1　为什么要做蓝 V 企业号 188

  9.1.2 让营销更加落地 190
  9.1.3 认证蓝 V 企业号 192
 9.2 **熟悉抖音蓝 V 的功能** 197
  9.2.1 蓝 V 标识 197
  9.2.2 官方认证 198
  9.2.3 一站式认证 198
  9.2.4 昵称搜索置顶 199
  9.2.5 设置自己的链接 199
  9.2.6 电话呼出 200
  9.2.7 私信自定义回复 200
  9.2.8 认领 POI 地址 201
  9.2.9 单独商品页 202
 9.3 **常见行业的蓝 V 账号运营技巧** 202
  9.3.1 汽车行业 203
  9.3.2 美妆行业 204
  9.3.3 食品饮料 206

第 10 章 门店推广：快速提高门店的曝光量 208

 10.1 **做好店铺推广** 209
  10.1.1 做好店铺信息展示 209
  10.1.2 用好 POI 认证功能 212
  10.1.3 自主进行门店推广 212
  10.1.4 保持内容发布频率 214
  10.1.5 邀请达人进行探店 215
 10.2 **提高门店曝光量** 216
  10.2.1 选出门店热门商品 216
  10.2.2 发布内容推广商品 218
  10.2.3 推出优惠团购套餐 219
  10.2.4 服务好潜在客户 221
  10.2.5 引导用户给出好评 224

第 11 章 抖音盒子：电商推广的绝佳平台 228

11.1 快速了解抖音盒子 229
11.1.1 什么是抖音盒子 229
11.1.2 使用抖音号进行登录 229
11.1.3 为何要入驻抖音盒子 231

11.2 找到合适的引流方法 232
11.2.1 福袋引流 233
11.2.2 账号引流 235
11.2.3 话题引流 235
11.2.4 口碑引流 236

11.3 提高商品的转化率 237
11.3.1 看到商品的价值 237
11.3.2 指出核心用户群体 238
11.3.3 制作开箱测评视频 239
11.3.4 通过对比展示效果 240

Chapter 01

第 1 章
账号打造：
确定自身的运营
方向

  对于抖音运营者来说，知道自身账号的运营方向是尤为重要的，不仅能够为抖音账号的运营提供方向，还能让运营活动有的放矢。本章，笔者就为大家讲解如何打造符合自身人设的抖音账号。

1.1 确定账号的定位

抖音账号定位就是为抖音账号的运营确定一个方向,即为内容发布指明方向。那么,如何进行抖音账号的定位呢?笔者认为大家可以从 4 个方面进行思考,这一节就分别进行解读。

1.1.1 根据自身的专长定位

对于拥有自身专长的人群来说,根据自身专长做定位是一种最为直接和有效的定位方法。运营者只需对自己或团队成员进行分析,然后选择某项或某几项专长进行账号定位即可。

例如,胡 66 原本就是一位拥有动人嗓音的歌手,所以她将自己的账号定位为音乐作品分享类账号,并命名为"胡 66",她通过该账号重点分享了自己翻唱的当下热门歌曲和自己的原创音乐。图 1-1 所示为胡 66 的抖音主页界面。

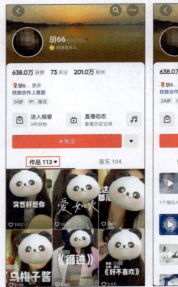

图 1-1

又如,擅长舞蹈的某位抖音博主拥有曼妙的舞姿,因此,她将自己的账号定位为舞蹈作品分享类账号。在这个账号中,她分享了大量舞蹈类视频,如图 1-2 所示。这些作品也让她快速积累了大量粉丝。

第 1 章 账号打造：确定自身的运营方向

自身专长包含的范围很广，除唱歌、跳舞等才艺之外，还包括其他诸多方面，如游戏玩得出色也是自身的一项专长。

图 1-2

例如，你如果游戏玩得很好，就可以将抖音账号定位为自己玩该游戏的视频分享的账号，并将账号命名为与游戏形象相关，如"×××（国服王昭君）"。图 1-3 所示为某游戏类博主发布的抖音短视频示例。

图 1-3

由此不难看出，只要运营者或者其团队成员拥有一项专长，而该项专长的相关内容又是比较受抖音用户欢迎的，那么将该项专长作为账号的定位便是一种不错的定位方法。

1.1.2 根据用户的需求定位

通常来说，用户需求的内容会更容易受到欢迎。因此，结合用户的需求进行定位也是一种不错的定位方法。

大多数女性都有化妆的习惯，但又觉得自己的化妆水平还不太高。因此，这些女性通常会对美妆类内容比较关注。在这种情况下，运营者如果对美妆内容比较擅长，那么将账号定位为美妆类账号就比较合适。

例如，有一个账号名为"程十安an"的抖音博主，她非常擅长化妆，所以便将自己的账号定位为美妆类账号，并持续地为抖音用户分享美妆类内容。图1-4所示为程十安发布的相关抖音短视频。

图 1-4

除美妆之外，抖音用户普遍需求的内容还有很多，美食制作便属

第 1 章　账号打造：确定自身的运营方向

于其中之一。许多抖音用户，特别是比较喜欢做菜的抖音用户，通常会从抖音中寻找一些新菜色的制作方法。

因此，如果运营者自身就是厨师，或者会做的菜色比较多，又特别喜欢制作美食，那么将账号定位为美食制作分享类账号就是一种很好的定位方法。

图 1-5 所示为某美食制作分享类账号发布的抖音短视频示例。在该账号中，运营者会通过视频将一道道菜色从选材到制作的过程进行全面呈现。因为该账号将制作过程进行了比较详细的展示，而且每一个制作过程的视频画面都极为精美，再加上许多菜色都是抖音用户想要亲自制作的，所以该账号发布的短视频内容很容易就获得了大量播放、点赞和收藏。

图 1-5

1.1.3　根据内容稀缺度定位

抖音运营者可以从抖音中相对稀缺的内容出发，进行账号定位。例如，某抖音账号定位为整蛊网瘾弟弟的一个账号。像这种专门做整蛊网瘾少年内容的抖音账号本身就是比较少见的，因此其内容就具有了一定的稀缺性。再加上随着网络，特别是移动网络的发展，越来越多的青少年开始有了网瘾。所以，许多人看到这一类视频之后，就会觉得特别贴合现实。

除平台上本来就稀缺的内容之外，运营者还可以通过自身的内容展示形式，让自己的账号内容，甚至是账号，具有一定的稀缺性。

例如，美食制作类的账号可以烹饪一些体积较大的食材，如全牛、全羊等。这些食材的成本相对来说比较高，所以抖音中很少会有类似的美食制作视频。这样一来，该账号的视频自然就有了稀缺性，再加上许多人都有猎奇心理，因此该账号很容易受到关注。图1-6所示为某美食博主发布的抖音短视频示例。

图 1-6

再如，萌宠分享类的账号大多都是分享萌宠的日常生活，但这种类型的视频只要家里面有萌宠就可以制作，并不符合内容上的稀缺性。那么，我们应该如何将其变得特别且具有稀缺性呢？

具体来说，当视频中的萌宠做出某些有特点的动作时，该账号的

第 1 章　账号打造：确定自身的运营方向

运营者可以同步配上一些字幕，将萌宠要表达的内容展示给其他用户。而结合字幕和萌宠在视频中的表现，就会让人觉得萌宠特别调皮、可爱。图 1-7 所示为某萌宠分享类博主发布的抖音短视频示例。

图 1-7

需要注意的是，字幕一定要符合当时的情境，而且语气要尽量可爱，这样才会更符合萌宠的形象。

1.1.4　根据品牌的特色定位

根据品牌的特色定位是抖音企业账号的一种定位方法。许多企业和品牌在长期的发展过程中可能已经形成了自身的特色，此时，如果根据这些特色进行定位，通常会比较容易获得抖音用户的认同。

根据品牌特色做定位又可以细分为两种方法：一是使用能够代表企业的物象做账号定位；二是以企业或品牌的业务范围做账号定位。

三只松鼠就是一个使用能够代表企业的物象做账号定位的抖音账号。三只松鼠这一品牌的卡通形象和 Logo（logotype，徽标或者商标）就是 3 只外形不同的松鼠，这个抖音账号经常分享一些将 3 只外形不同的松鼠作为主角打造内容的视频，如图1-8所示。

因此，三只松鼠的视频便具有了自身的品牌特色，而且这种通过卡通形象进行表达的内容更容易被人记住。

图1-8

猫眼电影则是一个以企业或品牌的业务范围做账号定位的代表。从"猫眼电影"这个名字就可以知道，该账号主要是从事与电影相关的业务，是定位为电影信息分享的一个账号。图1-9所示为该账号发布的相关抖音短视频。

图1-9

第 1 章 账号打造：确定自身的运营方向

1.2 设置账号信息

抖音的运营细节拥有与运营技巧一样的逻辑，二者的思维点是相同的。用户在刷抖音的时候，通常是利用碎片化的时间快速浏览，试想一下，当用户浏览到某一个界面的时候为什么会停下来？

用户停下来最根本的原因是被表面的东西吸引了，而并不是具体的内容，内容是用户点进去之后才能看到的。那么，表面的东西是什么？它包括你的整体数据和封面图，以及账号对外展示的东西，如名字、头像和简介等。

1.2.1 账号登录

抖音无须进行复杂的账号注册操作，只需用手机号码或微信等账号直接登录即可。具体来说，可以通过如下操作登录抖音短视频平台。

Step 01 进入抖音短视频 App 之后，点击"推荐"界面中的"我"按钮，如图 1-10 所示。

Step 02 操作完成后，进入账号登录界面。选中"已阅读并同意用户协议和隐私政策"复选框后，可以直接点击"一键登录"按钮，登录之前登录过的账号。如果需要更换账号，则可以点击此界面最下方的"登录"按钮，如图 1-11 所示。

Step 03 执行操作后，会进入手机号码登录界面。在此，我们可以使用手机号码登录抖音账号。除此之外，我们还可以选择使用其他方式登录，点击此界面最下方的"其他方式登录"按钮，如图 1-12 所示。

Step 04 执行操作后，弹出其他账号登录抖音账号选项，如图 1-13 所示。

Step 05 以微博账号登录为例，点击 图标，便可进入"微博登录"界面，我们只需点击界面中的"确定"按钮，如图 1-14 所示，便可使用该微博账号登录抖音。

图 1-10

图 1-11

图 1-12　　　　　　图 1-13　　　　　　图 1-14

1.2.2　账号名字

　　抖音的昵称（即抖音账号名称）需要有特点，而且最好和账号定

第 1 章 账号打造：确定自身的运营方向

位相关。抖音修改昵称也非常方便，具体操作步骤如下。

> **特别提醒**
> 在设置抖音名字时有两个基本的技巧，具体如下。
> （1）名字不能太长，太长的话用户不容易记忆，通常为 3～5 个字即可。
> （2）抖音名字最好能够体现人设感，即看见名字就能联系到人设。人设是指人物设定，主要包括姓名、年龄、身高等人物的基本设定，以及企业、职位和成就等背景设定。

Step 01 登录抖音短视频 App，进入"我"界面，点击界面中的"编辑资料"按钮，如图 1-15 所示。

Step 02 进入编辑资料界面，选择"名字"选项，如图 1-16 所示。

图 1-15

图 1-16

Step 03 进入"修改名字"界面，❶在"我的名字"文本框中输入新的昵称；❷点击"保存"按钮，如图 1-17 所示。

Step 04 操作完成后，返回"我"界面，可以看到此时账号名字便修改完成了，如图 1-18 所示。

011

图 1-17　　　　　　　　　图 1-18

1.2.3　账号头像

抖音账号的头像也需要有特点，必须展现自己最美的一面，或者展现企业的良好形象。抖音账号的头像设置主要有两种方式，具体如下。

1. "我"界面修改

在抖音短视频 App 的"我"界面中，用户可以通过如下步骤修改头像。

Step 01 进入抖音短视频 App 的"我"界面，点击抖音头像，如图 1-19 所示。

Step 02 进入头像展示界面，选择下方的"更换头像"选项，如图 1-20 所示。

Step 03 操作完成后，进入"所有照片"界面，选择需要作为头像的图片，如图 1-21 所示。

Step 04 执行操作后，进入"裁剪"界面，对图片进行裁剪之后，点击

第 1 章　账号打造：确定自身的运营方向

右上角的"完成"按钮，如图 1-22 所示，即可完成头像的修改。

图 1-19

图 1-20

图 1-21

图 1-22

2. 编辑资料界面修改

在编辑资料界面中,用户只需点击头像,便可在弹出的对话框中选择合适的方式修改头像,如图 1-23 所示。

图 1-23

例如,选择"从相册选择"选项之后,只需按照在"我"界面修改的步骤 03 和步骤 04 进行操作,便可完成头像的修改。

> **特别提醒**
> 在设置抖音头像时有 3 个基本技巧,具体如下。
> (1)头像一定要清晰。
> (2)个人人设账号一般使用主播肖像作为头像。
> (3)团体人设账号可以使用代表人物形象作为头像,或者使用公司名称、Logo 等标志。

1.2.4 账号简介

抖音的账号简介通常要简单明了,最好能用一句话概括,主要原则是"描述账号+引导关注",基本设置技巧如下。

(1) 前半句描述账号特点或功能，后半句引导关注，一定要明确出现关键词"关注"。

(2) 账号简介可以用多行文字，但一定要在多行文字的视觉中心出现"关注"两个字。

(3) 用户可以在简介中巧妙地推荐其他账号，但不建议直接引导加微信等。

1.2.5 账号头图

账号头图就是抖音主页界面最上方的图片。部分抖音运营者认为头图是否设置无所谓，其实不然。图 1-24 所示为一个没有设置头图的抖音账号主页，看到这张图片之后你有什么感觉呢？笔者的感觉是这个主页好像缺了什么东西；而且，运营者连头图也不设置，像是没怎么用心在运营。

其实，即便是随意换一张图片，也会比直接使用抖音号的默认图片要好得多。不仅如此，头图本身也是一个很好的宣传场所。例如，我们可以设置带有引导关注类文字的头图，提高账号的吸粉能力，如图 1-25 所示。

图 1-24

图 1-25

另外，运营者还可以在头图中展示自身的业务范围，让抖音用户一看就知道你是做什么的。这样，当抖音用户有相关需求时，便会将你作为重要的选择项。图 1-26 所示为利用头图吸引客户的示例。

图 1-26

那么，如何更换抖音头图呢？下面，笔者就简单介绍具体的操作步骤。

Step 01 进入抖音短视频 App 的"我"界面，点击界面上方头图，如图 1-27 所示。

Step 02 进入头图展示界面，点击"更换背景"按钮，如图 1-28 所示。

图 1-27

图 1-28

Step 03 操作完成后，进入"所有照片"界面，选择需要作为头图的图片，如图 1-29 所示。

第 1 章 账号打造：确定自身的运营方向

Step 04 操作完成后，进入"裁剪"界面，对图片进行裁剪后，点击下方的"确定"按钮，如图 1-30 所示。

Step 05 操作完成后，返回"我"界面，此时可以发现头图修改成功了，如图 1-31 所示。

图 1-29　　　　　　　图 1-30　　　　　　　图 1-31

在头图的修改过程中，如果想要获得更好的展示效果，需要适当地对图片做一些修改。例如，如果运营者在操作时没有注重图片的裁剪，最后显示出来的效果可能会有一些文字被遮挡了，也可能有一些文字没有显示出来。

1.2.6　账号信息

除名字、头像、简介和头图之外，运营者还可以对学校、性别、生日和地区等账号信息进行设置，这些资料只需进入编辑资料界面便可以直接进行修改。

在这 4 类账号信息中，学校和地区相对来说更重要。学校的设置，特别是与账号定位一致的学校信息设置，能让抖音用户感觉账号运营者更加专业，从而提高账号内容对抖音用户的吸引力。而地区的设置则能更好地吸引同城抖音用户的关注，从而提高运营者旗下实体店的流量。

以设置学校为例，进入编辑资料界面后，可以选择"学校"选项，如图 1-32 所示。操作完成后，便可进入"添加学校"界面，如图 1-33 所示。在该界面中，运营者可以对学校、院系、入学时间、学历和展示范围进行设置。

图 1-32

图 1-33

信息设置完成后，点击界面下方的"保存"按钮。操作完成后，弹出学校信息修改提醒对话框，如图 1-34 所示。

此时如果点击对话框中的"提交"按钮，将自动返回编辑资料界面。可以看到"学校"后方出现了相关信息，就说明学校信息设置成功了，如图 1-35 所示。

第 1 章　账号打造：确定自身的运营方向

图 1-34

图 1-35

1.3　提高账号权重

提高账号权重能够获得系统更多的流量推荐，让更多的抖音用户刷到该账号发布的短视频。那么，应该如何提高账号的权重和避免账号被降权呢？本节，笔者就来进行讲解。

1.3.1　提高账号权重的动作

在抖音账号运营的过程中，需要通过养号来提高账号的权重，从而让账号获得更多的流量。那么，如何能提高账号的权重呢？大家可以做好以下这 5 个动作。

1. 用流量登录几次

用流量登录几次这个动作是必须要做的。如果你的手机连接了 Wi-Fi（wireless fidelity，无线网络通信技术，又称为"移动热点"），你可以在养号阶段适当关闭 Wi-Fi 连接，用手机流量刷几次抖音短视频。

2. 刷首页推荐同领域内容

刷首页推荐，找到同领域的内容也是一种有效的加权动作。如果看不见同领域的内容怎么办？例如，你做的是非常偏门的一个领域，这个领域的内容不一定能得到首页推荐，那么你可以搜索这个领域的关键词。

例如，如果是做家纺的抖音账号，可以搜索家纺、被罩、窗帘、被单和枕头等关键词。通过搜索关键词，找到相关的内容，然后点击进去观看就可以了。

3. 翻一翻抖音的热搜榜单

翻一翻抖音的热搜榜单也可以达到为账号加权的目的。例如，在抖音的搜索界面中有一个"猜你想搜"板块，该板块会显示一些抖音用户近期经常搜索的内容。翻看该内容，可以了解广大抖音用户感兴趣的内容主要有哪些，然后通过将这些内容和自身定位相结合，打造出更能吸引粉丝的抖音短视频。

4. 让系统记住你的位置和领域

刷同城推荐，让系统记住你的位置和领域也可以给你的账号加权。在养号阶段刷同城推荐内容是很有必要的。系统会通过你刷同城推荐来获得你的真实位置，从而判断你的账号并非虚拟机器人在进行操作。

哪怕同城上没有同领域的内容，你也要多进行几次该动作，以避免系统误判你的账号是虚拟机器人在进行操作。因为系统是严格打击机器人操作这种虚假行为的，系统误判后会严重影响账号权重。

进入抖音短视频 App 之后，只需点击"同城"按钮，便可以进入"同城"界面。在"同城"界面中可以看到同城直播，向上滑动界面，还可以看到许多同城的抖音短视频。另外，系统会根据你所在的位置自动进行定位。如果定位不正确，或者需要将地点设置为其他城市，可以点击"切换"按钮进行选择,从而让系统记住你的位置。

5. 维持正常的使用频率

维持抖音正常的使用频率能够让系统知道你的账号是正常运营的。而对于正常运营的活跃账号,抖音官方自然是会进行鼓励的。当然,使用抖音也应该有节制,如果每天的使用时间过长,如一天刷抖音超过了 12 个小时,那么系统可能也会将该账号判定为非正常运营。

1.3.2 避免账号被降权的行为

在抖音账号运营的过程中,有一些行为可能会受到降权的处罚。因此,在运营过程中,特别是养号期间,一定要尽可能避免这些行为。下面,笔者就和大家讲解可能会让抖音账号降权的 6 种行为。

1. 频繁更改账号信息

养号阶段最好不要频繁地更改账号的相关信息。因为这样做不但可能让你的账号被系统判定为非正常运营,而且在修改信息之后,由人工进行审核时还会增加抖音相关人员的工作量。

当然,一些特殊情况下修改账号信息还是有必要的。如注册账号时,为了通过审核,必须要对账号的相关信息进行修改;又如,系统消息告知你的账号信息中存在违规信息,那么为了账号能够正常运营,有必要根据相关要求进行相应的修改。

2. 同一 Wi-Fi 登录多个账号

如果你使用同一 Wi-Fi 登录多个账号,那么系统很可能会认为你在同时运营几个抖音账号,甚至会认为你是在使用虚拟机器人运营账号,这很可能会被判定为运营异常而受到降权处罚。

3. 养号期间随意发布视频

养号期间抖音会重新审视你的账号权重,此时最好不要随意发布视频。因为如果你发布的视频各项数据都不高,那么抖音就会认为你的视频质量比较差,从而对你的账号进行降权处理。

4. 同一手机注册多个抖音账号

在抖音账号运营的过程中,最好是一机一卡一号(即一个手机中只有一张手机卡,这张手机卡只运营一个抖音账号)。如果你用同一个手机注册多个抖音账号,那么系统极有可能会判定为你在用虚拟机器人同时运营多个账号。

5. 频繁重复同一行为

有的运营者想要提高账号的活跃度,又不想花费太多时间,于是选择频繁地重复某一行为。例如,有的运营者对他人的视频进行评论时,都是写"真有意思"。需要注意的是,当你重复用这句话评论几十次之后,系统很有可能会认为你的账号是用机器人在进行操作。

6. 频繁登录和退出账号

大多数人打开抖音之后,即便因为某些事情暂时不用了,也不会退出之后马上又登录。因此,如果你频繁地登录又退出账号,那么系统自然而然就会认为你是用虚拟机器人在进行操作。

Chapter 02

第2章
内容生产：
掌握爆款的制作方法

在通过视频进行变现时，内容的打造是关键，通常来说，优质的内容更容易获得流量，从而吸引更多用户的关注，提高账号的变现能力。本章，笔者就为大家讲解内容生产的技巧，帮助大家制作出爆款短视频。

2.1 知晓爆款内容

很多人在制作带货短视频时,既不知道该拍摄什么内容,也不知道哪些内容容易上热门。这一节,笔者就给大家分享一些常见的爆款内容,帮助大家获得更多的流量,从而达到引爆商品的目的。

2.1.1 让用户一见钟情

在抖音平台上,用户为短视频点赞的很大一部分原因是他们被出镜人物的"颜值"迷住了,也可以理解为"心动的感觉"。比起其他的内容形式,好看的外表确实更容易获取用户的好感。

但是,笔者所说的"一见钟情"并不单单指出镜人物的"颜值"高或身材好,而是通过一定的装扮和肢体动作,在视频中表现出"充分入戏"的镜头感。所以,"一见钟情"是"颜值+身材+表现力+亲和力"的综合体现。

对此,运营者在制作带货短视频时,可以增强出镜人物的镜头感,让看到短视频的用户对其中的人物或内容"一见钟情"。

2.1.2 博得用户一笑

打开抖音短视频App,随便刷几个短视频,就会看到其中有搞笑类的视频内容。这是因为抖音毕竟是人们在闲暇时间用来放松或消遣的娱乐方式,因此平台也非常喜欢这种搞笑类的视频内容,更愿意将这些内容推送给用户,增加用户对平台的好感,同时让平台用户变得更为活跃。

对此,运营者可以在带货短视频中添加一些搞笑元素,以增加内容的吸引力,让用户看到视频后便忍不住要为你点赞。运营者在拍摄搞笑类视频时,可以从以下几个方面入手来创作内容。

(1)剧情搞笑。运营者可以通过自行招募演员、策划剧本来拍摄具有搞笑风格的视频作品。这类视频中的人物形体和动作通常比较夸张，同时语言幽默搞笑，感染力非常强。

（2）创意剪辑。通过截取一些搞笑的短片镜头画面，将其嵌入带货短视频的转场处，并配上字幕和背景音乐，制作成创意搞笑的视频内容。

（3）犀利吐槽。对于语言表达能力较强的运营者来说，可以直接用真人出镜的形式来上演脱口秀节目，吐槽一些接地气的热门话题或者各种趣事，加上较为夸张的造型、神态和表演，为用户留下深刻印象，从而提升带货的效果。

2.1.3 治愈用户心灵

与"颜值"类似的是"萌值"，如萌宝、萌宠等类型的内容同样具有让人难以抗拒的强大吸引力，能够让用户瞬间觉得心灵被治愈了。短视频中那些憨态可掬的萌宝、萌宠具备强大治愈力，不仅可以快速火起来，还可以获得用户的持续关注。

"萌"往往和"可爱"这个词对应，所以许多用户在看到"萌"的事物时，都会忍不住想要多看几眼。对此，运营者可以借助萌宝和萌宠来打造带货短视频，提高视频对用户的吸引力。

1．萌宝

萌宝是深受用户喜爱的一个群体。萌宝本身看着就很可爱，而且它们的一些行为举动也容易让人觉得非常有趣。所以，与萌宝相关的视频就能很容易吸引用户的目光。运营者可以先通过拍摄萌宝的日常积累粉丝，然后通过推广与萌宝相关的商品进行带货。

2．萌宠

"萌"不是人类的专有名词，小猫、小狗等可爱的宠物也是很萌的。许多人之所以养宠物，就是觉得萌宠们特别惹人怜爱。

如果能把宠物日常生活中惹人怜爱、憨态可掬的一面通过短视频展现出来,也能轻松吸引用户的目光。也正是因为如此,抖音平台上经常能看到萌宠出镜的种草短视频,如图 2-1 所示。

图 2-1

对于运营者来说,这种利用宠物"萌值"进行带货的做法非常值得借鉴。但是,要成为一个出色的萌宠类账号,提升账号的带货能力,还要掌握一些内容策划的技巧,具体如下。

(1)让萌宠人性化。例如,可以从萌宠的日常生活中找到它的"性格特征",并通过剧情的设计,对萌宠的"性格特征"进行展示和强化。

(2)让萌宠拥有特长。例如,可以通过不同的配乐展示宠物的舞姿,把宠物打造成"舞王"。

(3)配合宠物演戏。例如,可以拍摄一个萌宠的日常,然后通过后期配音,让萌宠和主人"说话"。

2.1.4 融入独特创意

抖音平台上有创意的短视频内容通常更容易获得用户的喜爱。运营者也可以结合自身优势，打造出具有创意的短视频内容，让更多用户为你点赞，增加短视频的流量。

例如，一名擅长做竹编的运营者，通过短视频为用户展示了竹编制作的滕王阁。看到该短视频之后，很多用户惊叹于该运营者的高超技艺和独特创意，纷纷为其点赞，而该短视频也获得了大量的流量。

2.1.5 设计反转剧情

拍摄带货短视频时，出人意料的结局反转往往能让人眼前一亮。在制作短视频时要打破常规惯性思维，使用户在看开头时猜不透结局的动向。当用户看到最终结果时，便会豁然开朗，忍不住为其点赞。

因为许多女性喜欢购物，所以关于是否要让女性节制消费的问题一直备受关注。一位运营者便结合该问题推出了一条短视频，视频中一名男子在家里打扫卫生时打电话询问妻子在做什么。在得知妻子在购物时，也顾不得身上还穿着围裙，便朝着妻子狂奔而去。到了妻子购物的店铺之后，男子喊住了正要刷卡付账的妻子。就在大家以为他会夺过妻子手中的银行卡离去之际，没想到他对着收银员说了一声："刷我的！"看到这里之后，大家纷纷为他的"宠妻"行为点赞。

2.2 策划优质脚本

短视频的内容策划是有一定技巧的，如果运营者掌握了内容策划的技巧，那么根据策划的脚本制作出的短视频就能够获得较为可观的播放量，其中优质短视频的播放量甚至可以超过 10 万次。具体来说，短视频内容要如何进行策划呢？这一节，笔者就来回答这个问题。

2.2.1 从商品出发

制作种草短视频的最终目的还是进行带货，提高商品的销量。基于这一点，运营者可以围绕商品来策划脚本。

例如，运营者可以先购买并亲自使用商品，并总结出商品的卖点，然后结合卖点来策划脚本内容，确定脚本的具体信息，包括商品的展现场景、卖点展示方式和出镜人物等。

2.2.2 从热门话题出发

通常来说，热度越高的内容越容易受到用户的关注。对此，运营者可以了解平台的热门话题，然后选择与热门话题相关的商品策划脚本并制作种草短视频，从而借助平台的热门话题提升带货的效果。下面，笔者以抖音盒子 App 为例进行介绍。

具体来说，抖音盒子 App 的"推荐"界面中会显示热门话题，运营者可以点击热门话题的链接进入热门话题详情界面，查看与热门话题相关的种草短视频（向下滑动界面可以查看该热门话题的其他种草短视频），如图 2-2 所示。

图 2-2

这样，运营者便可以查看热门话题界面的内容，参照他人的经验来策划商品种草短视频。有需要的运营者还可以直接在短视频标题中添加热点话题,并将短视频发布到抖音平台中,让更多用户看到你的带货内容。

2.2.3 将脚本内容细节化

在具体策划短视频脚本时,运营者要将相关的内容尽量细节化,把重要的内容详细地展示出来。具体来说,在策划短视频脚本时,运营者需要做好以下工作。

1. 前期准备

在编写脚本之前,运营者需要做好一些前期的准备工作,以确定短视频的整体内容思路。具体来说,编写脚本需要做好的前期准备如下。

(1)拍摄的内容。每个短视频都应该有明确的主题,以及为主题服务的内容。这就需要在编写脚本时先将拍摄的内容确定下来,列入脚本中。

(2)拍摄的时间。有时候拍摄一条短视频涉及的人员可能比较多,此时就需要通过确定拍摄时间来确保短视频拍摄工作的正常进行。另外,有的短视频内容可能对拍摄的时间有一定的要求,这类短视频的制作也需要在脚本编写时就将拍摄的时间确定下来。

(3)拍摄的地点。许多短视频对于拍摄地点都有一定的要求,是在室内拍摄还是在室外拍摄?是在繁华的街道拍摄还是在静谧的山林拍摄?这些都应该在编写脚本时就确定下来。

(4)使用的背景音乐。背景音乐是短视频内容的重要组成部分,背景音乐用得好,甚至可以成为短视频内容的点睛之笔。因此,在编写脚本时就要将背景音乐确定下来。

2. 整体架构

短视频脚本的编写是一个系统工程,一个脚本从空白到完成整体构建,需要经过3个步骤,具体如下。

1) 步骤1：确定主题

确定主题是短视频脚本创作的第一步，也是关键性的一步。因为只有主题确定了，运营者才能围绕主题策划脚本内容，并在此基础上将符合主题的重点内容有针对性地展示给核心目标人群。

2) 步骤2：构建框架

主题确定之后，接下来需要做的就是构建起一个相对完整的脚本框架。例如，可以从什么人，在什么时间和地点，做了什么事，造成了什么影响的角度，勾勒短视频内容的大体框架。

3) 步骤3：完善细节

内容框架构建完成后，运营者还需要在脚本中对一些重点的内容细节进行完善，使整个脚本内容更加具体化。

例如，从什么人的角度来说，运营者在脚本编写的过程中，可以对短视频中出镜人物的穿着、性格特征和特色化语言等进行策划，使出镜人物的表现更加形象和立体化。

3. 剧情策划

剧情策划是脚本编写过程中需要重点把握的内容。在策划剧情的过程中，运营者需要从两个方面做好详细的设定，即人物设定和场景设定。

（1）人物设定。人物设定的关键就在于通过人物的台词、情绪的变化、性格的塑造等构建一个立体化的形象，让用户在看完短视频之后就能对短视频中的相关人物留下深刻的印象。除此之外，成功的人物设定还能让用户通过人物的表现，对人物面临的相关情况更加感同身受。

（2）场景设定。场景的设定不仅能够对短视频内容起到渲染作用，还能让短视频的画面更加具有美感，更能吸引用户的关注。具体来说，运营者在编写脚本时，可以根据短视频主题的需要，对场景进行具体的设定。例如，要制作宣传咖啡的短视频，便可以在编写脚本时把场景设定在一个咖啡厅中。

4．人物对话

在短视频中，人物对话主要包括短视频的旁白和人物的台词。短视频中人物的对话不仅能够对剧情起到推动作用，还能显示出人物的性格特征。例如，要打造一个勤俭持家的人物形象，便可以在短视频中设计该人物在买菜时与菜店店主来回讲价的对话。

因此，运营者在编写脚本时需要对人物对话多加重视，一定要结合人物的形象来设计对话。有时候为了让用户对视频中的人物留下深刻的印象，运营者甚至需要为人物设计有特色的口头禅。

5．脚本分镜

脚本分镜就是在编写脚本时将短视频内容分割为多个具体的镜头，并针对具体的镜头策划内容。通常，脚本分镜主要包括分镜头的拍摄方法（包括景别和运镜方式）、镜头的时长、镜头的画面内容、旁白和背景音乐等。

脚本分镜实际上就是将短视频制作这个大项目分解为多个具体可实行的小项目（即一个个分镜头）。因此，在策划分镜头内容时，不仅要将镜头内容具体化，还要考虑到分镜头拍摄的可操作性。

2.3 拍摄热门视频

带货短视频要想获得好的效果，就需要利用各种镜头和技巧去拍摄，以保证视频画面的清晰度和美观度。一段视频拍摄得再好，如果画面不够清晰和美观，也会使视频的质量大打折扣。本节，笔者主要介绍带货短视频的拍摄技巧，帮助运营者快速拍摄出高质量的短视频。

2.3.1 保证带货短视频的画质

对于选购带货短视频的拍摄设备，理论上只要是能拍摄视频的相机或者手机都可以,当然,设备的性能越好,其拍摄的画质也就越好。下面,笔者就来介绍带货短视频的基本拍摄设备,帮助大家快速选出适合自己的拍摄设备。

1. 手机

对于那些对带货短视频品质要求不高的运营者来说,普通的智能手机即可满足拍摄需求,这也是目前大部分运营者最常用的拍摄设备。

在选择拍摄带货短视频的手机时,主要关注手机的视频分辨率规格、视频拍摄帧速率、防抖性能、对焦能力以及存储空间等因素,尽量选择一款拍摄画质稳定、流畅,并且可以方便地进行后期制作的智能手机。

2. 相机

在购买拍摄带货短视频的相机之前先要确定好预算,然后在这个预算范围内选择一款性价比较高且适合自己的相机。当然,在选择具体的机型时,我们还需要明确购买相机的用途,即购买相机主要是用来拍什么,如图2-3所示。

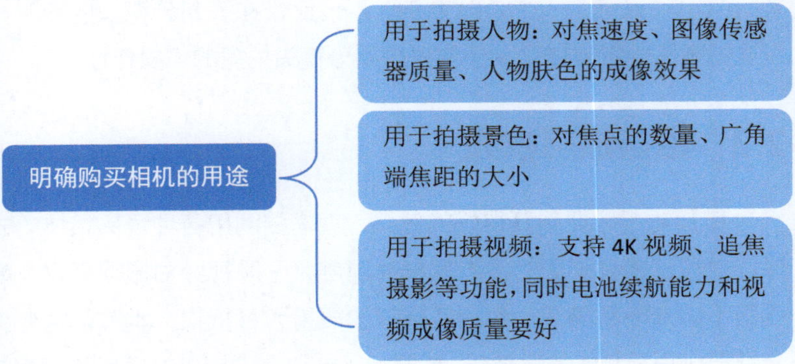

明确购买相机的用途:
- 用于拍摄人物:对焦速度、图像传感器质量、人物肤色的成像效果
- 用于拍摄景色:对焦点的数量、广角端焦距的大小
- 用于拍摄视频:支持4K视频、追焦摄影等功能,同时电池续航能力和视频成像质量要好

图 2-3

对于入门级新手来说,推荐使用具有操控性较好、成像效果柔和、自动对焦功能强大以及色彩还原度高等优点的相机。使用这种相机拍摄完短视频后,无须进行过多的后期处理。

3. 镜头

如果运营者选择使用单反相机拍摄带货短视频，那么最重要的部件就是镜头了。镜头的优劣会对视频的成像质量产生直接影响，而且不同的镜头可以创作出不同的视频画面效果。接下来介绍拍摄带货短视频常用的镜头类型和选购技巧。

（1）广角镜头：广角镜头的焦距较短、视角较宽，而且其景深很深，对于拍摄户外较大场景的视频非常适合，其画质和锐度都相当不错。

（2）长焦镜头：普通长焦镜头的焦距通常在 85 ～ 300 mm，超长焦镜头的焦距可以达到 300 mm 以上，能够拉近拍摄距离，非常清晰地拍摄远处的物体，其主要特点是视角小、景深浅以及透视效果差。

在拍摄商品的特写画面时，长焦镜头还可以获得更浅的景深效果，从而更好地虚化背景，让观众的眼球聚焦在视频画面中的商品主体上。在拍摄夜景或者有遮挡物的逆光场景时，使用长焦镜头可以让焦外光晕显得更大，画面也更加唯美。

（3）镜头的选购：在选择拍摄带货短视频的镜头时，运营者可以观察镜头上的各种参数信息，如品牌、焦距、光圈和卡口类型等。

2.3.2　突出视频的主体和主题

在拍摄带货短视频时，运营者同样需要在镜头的角度、景别以及运动方式等方面下功夫，学习一些"大神"们常用的运镜手法，帮助运营者更好地突出视频的主体和主题，让用户的视线集中在你要表达的商品对象上，同时让视频画面更加生动，更有画面感。

1. 运镜方式

镜头包括两种常用类型，分别为固定镜头和运动镜头。固定镜头就是指在拍摄带货短视频时，镜头的机位、光轴和焦距等都保持固定不变，适合拍摄主体有运动变化的对象，如 360°旋转商品、展示商品用途和特色等画面。

运动镜头则是指在拍摄的同时会不断调整镜头的位置和角度,也可以称为移动镜头。因此,在拍摄形式上,运动镜头要比固定镜头更加多样化,常见的运动镜头包括推拉运镜、横移运镜、摇移运镜、甩动运镜、跟随运镜、升降运镜以及环绕运镜等。运营者在拍摄带货短视频时可以熟练使用这些运镜方式,更好地突出画面细节和表达主题内容,从而吸引更多用户关注你的商品。

2. 镜头语言

镜头语言是指将镜头作为一种语言表达方式,在视频中展现我们的意图。根据景别和视角的不同,镜头语言的表达方式也千差万别。对于带货短视频的拍摄来说,虽然发挥的空间有限,但作者的创意是无限的,因此最重要的是你的想法,好的镜头语言离不开好的想法。

下面以拍摄一款电煮锅为例,看看它在镜头语言方面有哪些创意。该短视频的脚本主要分为外观展示、细节展示、使用方法展示3部分。需要注意的是,在策划电煮锅带货短视频的脚本时,需要抓住电煮锅的多种功能和详细的使用方法来进行展现,并展示使用后的效果。

(1) 外观展示。视频首先展示了电煮锅的整体外观,体现电煮锅的外部包装,采用从特写镜头到全景镜头的方式,突出电煮锅的健康材质,并选用了厨房作为背景进行搭配展示,从而更好地突出电煮锅的用途,也让短视频画面看上去更加干净、清晰。

(2) 细节展示。接下来,展示电煮锅的细节特征,包括玻璃盖、蒸格、内胆、插头等部分,同样采用"全景镜头+特写镜头"的方式,突出了电煮锅各部分的材质细节和容量大小,抓住用户关注的卖点,更好地吸引用户购买。

(3) 使用方法展示。最后,采用运动镜头的方式拍摄使用电煮锅烹饪食物的具体过程,突出电煮锅多种用途的卖点,不会让整个视频显得太空洞,同时抓住用户购买电煮锅最直接的目的,直击痛点,刺激用户下单。

3．镜头景别

在拍摄带货短视频时，注意运用近景、全景、远景、特写等景别，让画面中的故事情节叙述和人物感情表达等更有表现力。例如，远景镜头可以更加清晰地展现商品的外貌形象和部分细节，以及更好地表现视频拍摄的时间和地点。

另外，就拍摄静物带货短视频而言，比各种拍摄角度更重要的是画面内一定要有运动，如果固定拍摄角度，将商品放在拍摄台上一动不动，这样拍出来的视频和照片没有任何区别。因此，运营者在拍摄带货短视频时，一定要让画面运动起来，从而增强视频的感染力。接下来介绍一些具体的拍摄方法。

（1）镜头运动，商品不动。这是一种最简单的运镜方式，只需要将商品放好，然后用手持或利用稳定器来移动镜头，这种运镜方式比较基础，但效果非常好。

（2）固定镜头，移动商品。移动商品的方法非常多，如将商品放在一块布上，然后轻轻拉动布块来形成移动，也可以直接用手来移动商品。

（3）灯光移动。在一些与手机和汽车相关的带货短视频中，通常可以看到大量的灯光移动效果，从而在商品表面产生丰富的光影变化。

（4）在画面中添加动感元素。动感元素的范围非常大，如利用电子烟可以创造出烟雾效果，或者使用喷水壶制作水雾效果，也可以通过后期添加各种动感元素。运营者可以充分发挥自己的创造力，大胆地进行尝试。

2.3.3　设计不同内容的拍摄技法

在传统电商时代，用户通常只能通过图文信息来了解商品详情，而如今短视频已经成为商品的主要展示形式。因此，对于电商运营者来说，在上架商品之前，要拍摄一些好看的带货短视频，画面要漂亮、真实，必须能够引发用户的兴趣。下面主要介绍带货短视频的拍摄技法，帮助大家轻松拍出爆款带货短视频。

1．拍摄外观型商品

在拍摄外观型商品时，要重点展现商品的外在造型、图案、颜色、结构和大小等外观特点，建议拍摄思路为"整体→局部→特写→特点→整体"。

例如，拍摄笔盒的带货短视频时，可以先拍摄多个笔盒排列在一起的整体外观，然后拍摄笔盒的局部细节和特写镜头，接着拍摄笔盒的各种功能特点，最后从不同角度再次展现单个笔盒的整体外观。

如果拍摄外观型商品时有模特出镜，则可以增加一些商品的使用场景镜头，展示商品的使用效果。需要注意的是，商品的使用场景一定要真实。很多用户都是"身经百战"的网购达人，什么是真的、什么是假的，他们一眼就能分辨出来，而且这些人往往是长期的消费群体，商家一定要把握住这群人。

2．拍摄综合型商品

综合型商品是指兼外观和功能特色于一体的商品，因此在拍摄这类商品时需要兼顾两者的特点，既要拍摄商品的外观细节，也要拍摄其功能特点，还需要贴合商品的使用场景来充分展示使用效果。如果是生活中经常用到的商品，则最好选择生活场景作为拍摄环境，这样更容易引起用户的共鸣。

例如，手机就是一种典型的综合型商品，不仅外观非常重要，丰富的功能也是吸引用户的一大卖点。运营者在拍摄手机的带货短视频时，可以通过一个比较具有视觉效果的开场来吸引用户的目光，然后全方位地展现手机的外观特色和局部细节，最后分别展现手机的功能特点。

3．拍摄功能型商品

功能型商品通常具有一种或多种功能，能够解决人们日常生活中遇到的难题，因此在拍摄带货短视频时应将重点放在功能和特点的展示上，建议拍摄思路为"整体外观→局部细节→核心功能→使用场景"。

例如，拍摄榨汁机的带货短视频时，先拍摄榨汁机的整体外观，然后拍摄榨汁机的局部细节和材质，接着通过多个分镜头来演示榨汁机的各种核心功能，并拍摄榨汁机的使用场景和制作的美食成品效果，如图 2-4 所示。

图 2-4

4．拍摄不同材质商品

对于不同材质的商品，在拍摄视频时采用的方法也有所区别，接下来分别介绍吸光体商品、反光体商品和透明体商品的拍摄技法。

1）拍摄吸光体商品

例如，衣服、食品、水果和木制品等商品大多是吸光体，比较明显的特点就是它们的表面粗糙、不光滑，颜色非常稳定和统一，视觉层次感比较强。因此,在拍摄这类带货短视频时,通常以侧光或者斜侧光的布光形式为主,光源最好采用较硬的直射光,这样能够更好地体现出商品原本的色彩和层次感。

2)拍摄反光体商品

反光体商品与吸光体商品刚好相反,它们的表面通常比较光滑,因此具有非常强的反光能力,如金属材质的商品、没有花纹的瓷器、塑料制品以及玻璃制品等。

在拍摄反光体商品带货短视频时,需要注意商品上的光斑或黑斑,运营者可以利用反光板照明,或者采用大面积的灯箱光源照射,尽可能地让商品表面的光线更加均匀,保持色彩渐变的统一性,使其看上去更加真实。

3)拍摄透明体商品

例如,由透明的玻璃和塑料等材质制作而成的商品都是透明体商品。在拍摄这类带货短视频时,可以采用高调或者低调的布光方法。

- 高调:即使用白色的背景,同时使用背光拍摄,这样商品的表面看上去会显得更加简洁、干净。
- 低调:即使用黑色的背景,同时可以用柔光箱从商品两侧或顶部打光,或者在两侧安置反光板,勾勒出商品的线条效果。

5. 拍摄美食类商品

美食类商品的类型非常多,不同的美食拥有不同的外观和颜色,因此拍摄方法也不尽相同。水果与蔬菜等食材是比较容易上手的美食类商品,运营者可以巧妙地布局画面的构图、光影和色彩,展现食材的强烈质感。

例如,拍摄水果的重点在于表现水果的新鲜和味道的甜美,可以直接拍摄水果的采摘过程和试吃体验。图2-5所示为拍摄柿子的带货短视频。

图 2-5

6．拍摄人像模特

在拍摄人像视频时，一定要注意引导模特摆出合适的姿势动作，如笑容、眼神的交流、撩动秀发的手势等。当然，也有很多人在拍摄短视频时放不开，或者对自己的长相不自信，或者不愿意露脸，或者觉得自己的"侧颜"比较好看，此时也可以拍摄模特漂亮的侧面照。

另外，在拍摄模特的侧面时，模特的神态和动作要自然一些。例如，可以让模特靠在椅子上，抬头望向上方，这样不仅可以捕捉模特面部最立体的仰头幅度，还能够营造画面的情感基调。

在室内或摄影棚拍摄人像的全景画面时，要尽可能地选择空间广阔的环境，这样不仅可以方便模特摆姿势，也可以让摄影师更好地进行构图取景。另外，还需要保持拍摄环境的整洁，将各种装饰物品摆放在合理的位置，从而对人物主体起到更好的衬托作用。

要想拍出有故事感的模特视频，需要用画面来讲述故事和感染用户。要做到这一点，画面就必须有一个明确的主题，同时拍摄场景也需要连贯，以及人物的情绪和服装配饰都要准确、恰当。

在人像视频中，主体人物是画面中的"灵魂"，场景和服饰则是"躯壳"，没有场景的画面通常是非常空洞的。在室外拍摄模特视频时，场景的主要作用是衬托人物，因此最主要的原则就是"化繁为简"，也就是说背景要尽可能简单、干净，不能喧宾夺主。

2.3.4 合理安排各种物体和元素

构图是指通过安排各种物体和元素，获得一种主次关系分明的画面效果。因此，拍摄带货短视频时，需要对画面中的主体进行恰当摆放，使画面看上去更有冲击力和美感。同时需要对摄影主体进行适当构图。只有遵循了构图原则，才能让拍摄的视频更加富有艺术感和美感，更加吸引用户的眼球。下面笔者就来介绍带货短视频构图的相关知识。

1．基本原则

构图起初是绘画中的专有术语，后来广泛应用于摄影和平面设计等领域。一个成功的带货短视频大多拥有严谨的构图方式，能够使得画面重点突出、有条有理、富有美感、赏心悦目。图 2-6 所示为带货短视频构图的基本原则。

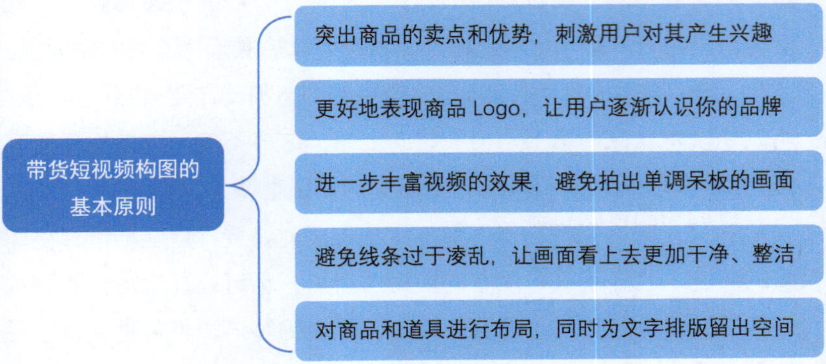

```
带货短视频构图的 ── 突出商品的卖点和优势，刺激用户对其产生兴趣
基本原则         ── 更好地表现商品 Logo，让用户逐渐认识你的品牌
                ── 进一步丰富视频的效果，避免拍出单调呆板的画面
                ── 避免线条过于凌乱，让画面看上去更加干净、整洁
                ── 对商品和道具进行布局，同时为文字排版留出空间
```

图 2-6

2. 基本构图形式

对于带货短视频来说，好的构图是整体画面效果的基础，再利用光影的表现、环境的搭配和商品本身的特点来进行配合，可以使带货短视频大放异彩。接下来，笔者将介绍带货短视频的一些基本构图形式。

（1）中心构图：中心构图即将视频主体置于画面正中间进行取景，最大的优点在于主体突出、明确，而且画面可以达到上下左右平衡的效果，用户的视线会自然而然地集中到商品主体上。

（2）三分构图：三分构图是指将画面用两横或两竖的线条平均分割成三等份，将商品放在某一条三分线上，让商品更突出、画面更美观。

（3）对角线构图：对角线构图是指在画面中两个对角存在一个连线，这个对角线可能是主体，也可能是辅体，关键是形成了对角的一种线条感，让画面富有动感、活泼感，牵引着人的视线，还可以产生一种代入感。

（4）散点式构图：散点式构图是指将一定数量的商品散落在画面当中，让画面看上去错落有致、疏密有度，而且疏中存密、密中见疏，从而产生丰富、宏观的视觉感受。

（5）远近结合构图：远近结合构图是指运用远处与近处的对象进行距离或大小上的对比，以布局画面元素。在实际拍摄时，需要摄影师匠心独具，找到远近可以进行对比的物体对象，然后从某一个角度切入进行拍摄，从而产生更强的空间感和透视感。

3. 进阶构图技巧

好的构图可以让带货短视频的拍摄事半功倍，构图的技巧有很多，即使是同款商品也可以在构图上产生差异化，从而让商品在众多同类中更加亮眼。接下来将重点介绍一些带货短视频的进阶构图技巧。

（1）带货短视频构图的核心是突出主体。简单来说，构图就是安排镜头下各个画面元素的一种技巧，通过将模特、商品和文案等进行合理的安排和布局，从而更好地展现运营者要表达的主题，或者使画面看上去更加美观且富有艺术感。

主体就是视频拍摄的主要对象,即主要强调的对象,可以是模特或者商品,主题也应该围绕主体来展开。通过构图这种比较简单有效的方法,可以达到突出带货短视频的画面主体、吸引用户视线的目的。

(2)选择合适的陪体、前景和背景。很多非常优秀的带货短视频中都有明确的主体,这个主体就是主题中心,而陪体就是在视频画面中起到烘托主体作用的元素。陪体对主体的作用非常大,不仅可以丰富画面,更好地展示和衬托主体,让主体更加富有美感,还可以对主体起到说明的作用。

严格意义上来说,带货短视频拍摄的环境和陪体非常类似,主要是在画面中对主体起到一个解释说明的作用。环境包括前景和背景两种形式,可以加强用户对视频的理解,使主题更加清晰明确。

前景主要是指位于被摄主体前方,或者靠近镜头的景物。背景通常是指位于主体对象背后的景物,可以使主体的存在更加和谐、自然,同时可以对主体所处的环境、位置和时间等做一定的说明,更好地突出主体,营造画面氛围。

(3)用特写构图表现商品的局部细节。每种商品都有它自己独特的质感和表面细节,在拍摄的视频中成功地表现出这种质感细节,可以极大地增强画面的吸引力。

我们可以换位思考,将自己比作消费用户,在购买一件心仪物品时,肯定会在商品详情界面反复浏览,查看商品的细节,与同类型的商品进行对比。因此,商品细节是决定用户下单的重要驱动力,我们必须将商品的每一个细节部位都拍摄清楚,打消用户的疑虑。

2.3.5 拍摄带货短视频的注意事项

随着短视频的流行,商品的介绍越来越倾向于用短视频来呈现,而且短视频的转化率要比纯图片更高。不过,带货短视频不是随便拍拍就可以的。接下来,笔者将详细介绍一些拍摄过程中的注意事项,帮助大家做好带货短视频。

1. 选择适合的拍摄场景

很多时候,用户在看到带货短视频时,会将视频中的人物想象成自己,并仔细体会使用视频中的商品会是一个怎样的感受。因此,带货短视频的拍摄场景非常重要,合适的场景可以让用户产生身临其境的画面感,进一步刺激用户下单的欲望。除了合适的场景搭配,还需要让模特与场景互动起来,从而让商品完全融入场景,增加视频效果的吸引力。

例如,防滑、耐磨的登山鞋很适合在户外场景中拍摄,可以让模特穿着鞋子在各种山路或石头路等路况较差的地方穿行,让用户产生亲身体验的感觉。如果是为皮鞋带货的话,这种场景就不太适合了。皮鞋应尽量选择在办公室等室内场景,或者在非常"白领化"的一些场景中拍摄。不同的鞋有不同的场景需求,如果将商品放到不搭调的场景中去拍摄,用户观看时就会觉得很别扭,而且无法将商品带入这个情景当中。

2. 背景能表达商品氛围

带货短视频的拍摄背景要整洁,运营者可以根据视频的内容对镜头内的场景进行布置,尽可能地营造出用户所需要表达的氛围。

例如,拍摄保温壶的带货短视频时,可以选择将桌子和窗帘作为拍摄背景,同时布置一些水杯、食品和报纸等作为辅助道具,营造出一种居家或办公室的氛围感。

3. 拍摄现场的光线要充足

在拍摄带货短视频时,环境中的光线一定要充足,这样才能更好地展现商品。例如,拍摄绿萝的带货短视频时,可以将窗户作为背景,同时用白色的窗帘遮挡直射光,让光线变得更加柔和、明亮,使绿萝的色彩显得更加通透且富有层次感。

如果光线较暗,建议使用补光灯对商品进行补光,同时注意不要使用闪烁的光源。例如，拍摄白色瓷碗的带货短视频时，可以采用黑幕背景，同时用顶光进行打光，形成强烈的明暗对比，让主体（即白色瓷碗）更突出。

4．体现商品价值和用户体验

在拍摄带货短视频之前，运营者要确定自己的拍摄构思，即通过什么样的方式来拍摄，让商品更好地呈现在用户眼前。运营者可以从两个方面去构思，即通过剧本场景或者小故事的方式来进行拍摄。对于品牌商品来说，还可以在视频中加入一些品牌特性。

当然，不管用户如何进行构思，在带货短视频中都需要体现出商品的价值和用户体验，让用户产生身临其境的体验，这就是最直接的拍摄技巧。例如，拍摄电动窗帘的带货短视频时，可以通过将窗帘安装好并演示其自动关闭和打开的功能，让用户在视频中体验到商品为其带来的便捷、舒适的生活方式。

5．注意商品展示的拍摄顺序

对于带货短视频中的商品展示，建议大家拍摄 5 组镜头，顺序分别为"正面→侧面→细节→功能→场景"，下面分别解析各组镜头的拍摄要点。

（1）正面：通过正面角度可以更好地描述商品的整体外观，呈现商品给人带来的第一印象。

（2）侧面：通过不同的侧面，如左侧、右侧、背后、顶部、底部等角度，完整地展示商品。

（3）细节：商品上一些重要的局部细节可以先展示出来，从而更有效地呈现商品的特点和功能。

（4）功能：逐个演示商品的具体功能，让商品与用户产生联系，解决用户的难点、痛点。

（5）场景：将商品放在一个适合的环境中，以进一步展示它的功能特点和使用体验，场景感越强则带货效果越好。

Chapter 03

第章
基础入门：
从零开始了解
DOU＋

对于抖音运营者来说，营销推广自身的抖音账号是极为重要的，而DOU＋作为短视频加热的工具，其作用不可忽视。本章，笔者就为大家讲解DOU＋的相关知识，帮助大家从零开始了解DOU＋。

3.1 全面了解 DOU +

许多人都有投放 DOU + 的需求，但对 DOU + 的了解却非常有限。本节，笔者就来讲解抖音 DOU + 的投放攻略，让大家更好地了解 DOU +。

3.1.1 认识什么是 DOU +

DOU + 是抖音官方于 2018 年 6 月推出的一款内容加热工具。运营者可以通过向抖音官方支付一定的费用来购买 DOU +，从而提升内容的曝光量，增强内容的营销推广效果。

通俗来说，投放 DOU + 就是花钱向抖音官方购买流量。一般情况下，投放 DOU + 的金额越多，投放内容的曝光量越高，营销推广效果就越好。

为什么许多运营者要花钱去投放 DOU + 呢？这主要是因为 DOU + 的投放有以下优势。

1. 流量精准

虽然抖音平台的用户众多，但是并非所有的用户都是精准用户。而投放 DOU + 之后，抖音平台便会根据自身的算法将内容推送给感兴趣的人群，这无疑可以提高流量的精准性，让内容获得更好的营销推广效果。

2. 效果显著

投放 DOU + 可以显著提升内容的营销推广效果，这一点从点赞量的变化便可看出来。图 3-1 所示为某抖音号发布的部分视频，可以看到大部分视频的点赞量很少，但是投放了 30 元 DOU + 的视频（右上角的视频）却获得了 2584 次点赞，由此便不难看出 DOU + 投放带来的点赞量剧增的效果。而随着点赞量的增加，该视频获得的营销推广效果自然会更好。

图 3-1

3．成本可控

DOU＋投放的门槛比较低，成本是可控的。图 3-2 所示为直播 DOU＋的"自定义投放"对话框，可以看到其最低投放金额为 30 元。30 元的投放成本是比较低的，哪怕是投放之后没有取得预期的效果，也不会造成太大的损失，所以很多运营者都愿意先尝试投放 30 元的 DOU＋，看看效果。

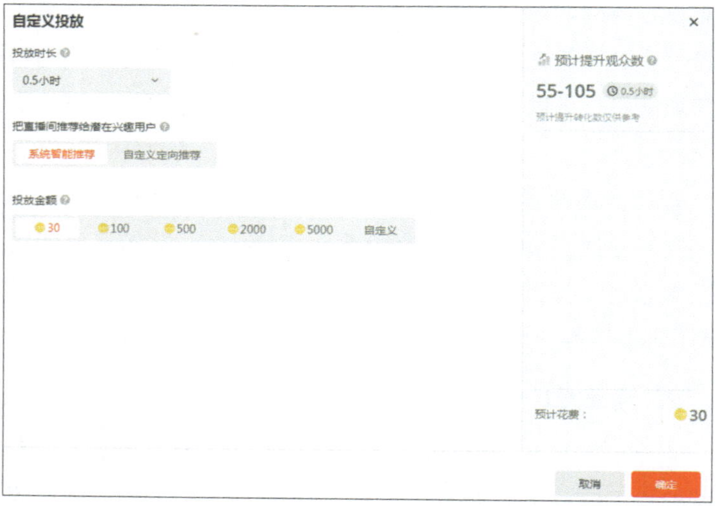

图 3-2

4. 见效快

通常来说，运营者提交 DOU ＋投放申请之后，只要通过了平台的审核，那么相关内容便会快速被推送给精准用户。也就是说，DOU ＋投放申请通过之后，便会快速见效，让更多用户看到相关内容，从而起到增强营销推广效果的目的。

5. 可评估

投放 DOU ＋之后，运营者可以根据抖音官方提供的数据评估投放效果，直观地判断是否有继续投放的必要。除此之外，运营者还可以根据投放数据进行复盘，为下次投放提供经验。

3.1.2 明白 DOU ＋的主要作用

对于运营者来说，投放 DOU ＋可以起到多个方面的作用。下面，笔者就来讲解投放 DOU ＋的五大作用。

1. 内容评估

虽然投放 DOU ＋之后能够为相关内容带来更多流量，但是用户会根据自身对内容的喜爱程度进行互动。如果内容对自身有吸引力，用户就会进行点赞、评论、收藏等操作；如果内容对自身没有吸引力，用户可能看一下就会滑走，而不会停留太久，也不会有进一步互动的意愿。

对此，运营者可以根据 DOU ＋投放的互动情况来评估内容，如果内容足够优质，那么互动数据会比较多；如果内容不够优质，那么互动数据可能会比较少。通过互动数据对内容进行评估之后，运营者便可以根据评估结果对内容进行调整，为以后的内容制作提供方向。

2. 商品推广

运营者可以借助 DOU ＋进行商品推广，具体来说，运营者发布短视频推广商品或开直播推荐商品时，可以进行 DOU ＋投放，让更多用户看到你的商品。

图 3-3 所示为某旗舰店的抖音号发布的商品推广短视频，该短视频对店铺中的商品进行了展示。对此，该旗舰店的运营者只需投放 DOU＋，便可以增加该短视频的曝光量，从而让更多用户了解短视频中展示的商品。

图 3-3

3．新品测试

当店铺中推出新品时，运营者可以通过投放 DOU＋进行测试。具体来说，运营者可以为新品的推广内容投放 DOU＋，并根据用户的反馈来判断该新品的受欢迎程度。

通常来说，新品推广内容获得的流量可能比较有限，但是投放 DOU＋之后，获得的流量会大幅增加。如果在这种情况下，用户还不愿意通过点赞、评论、收藏等互动行为表达自身的态度，或者用户直接通过评论（或发弹幕）表达自己对新品的不满，就说明该新品是不受欢迎的；反之，则说明新品可能是比较受用户欢迎的。

另外，运营者在做新品测试时，也可以根据用户对推广内容的反应来决定是否投放 DOU ＋。

图 3-4 所示为某抖音号发布的新品推广短视频，可以看到该短视频发布很久后仅仅获得了一个点赞。如果这样下去，可能很难获得足够多的反馈意见，因此对该短视频进行 DOU ＋投放是很有必要的。

图 3-4

4．账号涨粉

一般情况下，只要内容的质量不是太差，那么投放 DOU ＋之后，对应账号的粉丝量就会上涨。当然，内容的质量越好、对用户的吸引力越强，其投放 DOU ＋之后给账号带来的涨粉效果也会越好。所以，在投放 DOU ＋之前，运营者一定要重视内容的制作，要让自己的内容对用户更有吸引力。

5．线下引流

部分商家运营的是线下实体店，于是发布了大量线下实体店的引流短视频。而部分探店类的运营者则会专注于为线下实体店引流,帮助实体店商家提高销售额。对于这些运营者来说,在进行线下引流的过程中,如果能适当进行 DOU＋投放,便可吸引更多用户去线下实体店消费。

很多线下引流短视频中都会带有实体店的定位,用户看到短视频之后,只需点击短视频中的定位,便可借助导航快速前往实体店进行消费。而为这类短视频投放 DOU＋,则可以让更多人看到引流内容,从而吸引更多用户到店消费,有效地增强引流的效果。

3.1.3 认识 DOU＋的投放误区

有的运营者投放 DOU＋之后,却没有获得预期的效果,这可能是因为陷入了 DOU＋投放的误区。下面,笔者就来讲解 DOU＋投放的 4 个常见误区,帮助大家更好地避雷。

1. 错过投放的最佳时机

在投放 DOU＋时,运营者要把握好时机。通常来说,当抖音用户比较活跃,并且内容刚发布不久时,比较适合投放 DOU＋。例如,早上 7 点至 9 点是上班前的通勤时间,此时很多人会利用碎片化的时间刷抖音。运营者便可以在这个时间段发布内容并投放 DOU＋,让更多用户看到你的内容。

然而,很多人在发布内容之后就投放了 DOU＋,这就很容易错过投放的最佳时机。因为大多数人选择的 DOU＋投放时间都在几个小时之内,其生效时间又是无法控制的(DOU＋投放的申请通过之后,运营者只要支付了投放费用,DOU＋投放便会自动生效),所以可能抖音用户的活跃期还未到,DOU＋投放的时效便结束了。

另外,还有部分运营者突然心血来潮,给发布了较长时间的内容投放 DOU＋。这样做虽然能提升相关内容的曝光量,但是获得的效果可能难以达到预期。这主要是因为内容发布的时间比较长了,用户可能已经看到过类似的内容,在这样的情况下,用户的互动量势必会大量减少。

2. 太过依赖 DOU ＋投放

部分运营者在运营抖音号的过程中太过依赖 DOU ＋投放，他们会给所有发布的内容都投放 DOU ＋。当然，通过 DOU ＋投放，可以让账号的各项数据得到提升，而且在刚开始做 DOU ＋投放时，可能会获得比较显著的效果。但是，随着时间的推移，DOU ＋投放取得的效果可能会越来越难以达到预期。所以，运营者还是要用心做好内容，不要将所有希望都寄托在 DOU ＋投放上。

3. 投放之后就放任不管了

许多人觉得成功投放 DOU ＋之后就万事大吉了，于是直接放任不管了。其实，成功投放 DOU ＋只是关键的一步，而不是最后一步。成功投放 DOU ＋之后，运营者还需要实时监测数据，并通过数据分析、评估投放效果，不断调整自身的投放方案，从而提升下次投放的效果。

4. 不注重投放内容的质量

部分运营者觉得无论是什么内容，只要投放了 DOU ＋，便可以获得很好的营销推广效果；如果营销推广效果没有达到自己的预期，那肯定是用于 DOU ＋投放的金额还不够。

于是，这部分运营者变得越来越不重视投放内容的质量，只是一味地增加 DOU ＋投放的金额，而最终的结果往往达不到预期的效果。其实，运营者可以换一种思路，先重点把握内容的质量，再考虑如何做好 DOU ＋的投放。只要内容足够优质，有时候只需使用小额的投放资金，便可以获得很好的投放效果。

3.1.4 了解 DOU ＋的投放模式

进行 DOU ＋投放前，运营者应该了解其投放模式，从而找到更符合自身经济情况和目标投放效果的方式。下面，笔者就来讲解 DOU ＋的常见投放模式。

第 3 章　基础入门：从零开始了解 DOU ＋

1．速推版

许多运营者缺乏经验，于是想要通过投放 DOU ＋来获取更多的流量。但是，对于不熟悉 DOU ＋投放的运营者来说，了解全部的投放模式是需要一定时间和精力的。所以，刚入门的新手就可以选择速推版这一投放模式。

速推版投放模式主要是将投放了 DOU ＋的视频推荐给抖音用户。在"速推版"界面中，运营者只能选择上面规定好的投放金额。选择好具体的投放金额后，界面上方会显示推荐的人数（投放金额越大，推荐人数也就越多）。确定好投放金额后，即可进行支付。

进入需要投放 DOU ＋的短视频播放界面，点击图标，弹出"分享给朋友"对话框，点击该对话框中的"上热门"按钮，如图 3-5 所示，即可进入"速推版"界面，如图 3-6 所示。

图 3-5

图 3-6

速推版这一投放模式不需要运营者做出太多的选择，只需要选择好投放金额就可完成 DOU＋的投放，比较适合新手抖音号运营者。

2．系统智能推荐

系统智能推荐是 DOU＋定向版中的一种推荐模式，是指系统自动通过算法分析出可能会对该短视频感兴趣的潜在目标用户，然后将该短视频推荐给他们。

在系统智能推荐这一投放模式中，运营者可以自定义选择投放金额，如图 3-7 所示。而且，系统智能推荐也可以自定义选择此次投放期望提升的方面，如提升点赞评论量、粉丝量或者主页浏览量，如图 3-8 所示。除此之外，系统智能推荐还可以设置投放时长，主要包括 4 个选项，如图 3-9 所示。

图 3-7　　　　　　图 3-8　　　　　　图 3-9

系统智能推荐的操作比较简单，但是选择此投放模式前还需要注意两个要点，具体如下。

（1）系统智能推荐更适合对抖音号的运营没有太多经验的运

第 3 章 基础入门：从零开始了解 DOU+

营者。

（2）系统智能推荐会自动通过算法锁定目标用户，因此更适合没有明确目标用户人群的运营者。

3．自定义定向推荐

自定义定向推荐模式的自主性更大，更适合定位清晰的抖音号。与系统智能推荐模式相比，自定义定向推荐需要设置目标用户的特征属性，这也是其不同于其他模式的一点。

需要运营者自行设置的用户属性有 4 种，包括性别、年龄、地域和兴趣标签，具体内容如图 3-10 所示。这些属性中有单选，也有多选。单选包括性别、地域；多选包括年龄和兴趣标签。但是，为了使推荐目标更为精准，最好只选择 1～2 个属性。

图 3-10

在 4 种用户属性的下面，还有一个"达人相似粉丝"选项，它主要是指将短视频投放给相似达人的粉丝。简单地说,就是找到和自身账号风格、内容以及定位相似的达人,在投放DOU＋后,系统就会自动将该短视频推送给这些达人的粉丝。

需要注意的一点是,运营者如果不确定哪些达人的目标用户与自身目标用户相一致,最好不对此项进行选择。而且,选择达人账号的时候,最好选择那些定位清晰、明确的账号,不要选择定位宽泛的账号。接下来,笔者为大家讲解如何进行达人相似粉丝的选择。

Step 01 点击"达人相似粉丝"选项下面的"更多"按钮,如图3-11所示。

Step 02 弹出"达人相似粉丝"对话框,点击"添加"按钮,如图3-12所示。

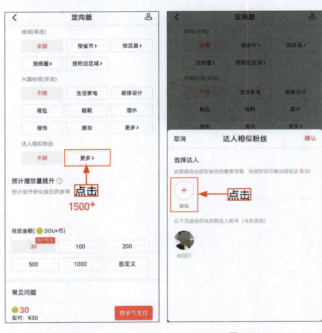

图 3-11　　　　　　　　图 3-12

Step 03 弹出"选择达人"对话框,在此对话框中,❶选中与自身账号风格、内容以及定位相似的达人后方的复选框;❷点击"完成"按钮,如图3-13所示。

Step 04 操作完成后,返回"达人相似粉丝"对话框,点击"确认"按钮,如图 3-14 所示，即可完成达人相似粉丝的选择。

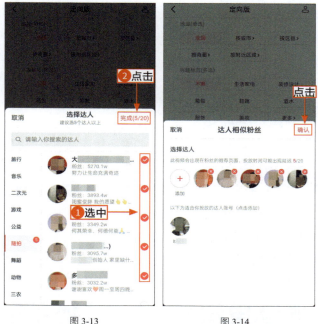

图 3-13　　　　　　　　图 3-14

自定义定向推荐模式主要有两大优点，具体如下。

（1）流量精准：设置了目标用户的特征属性，能够快速地将短视频推送给目标用户群体。

（2）转化率高：吸引精准的用户更有利于最终的转化，从而提高转化率。

3.1.5　了解 DOU＋无法投放的原因

有时候，运营者可能会被系统提示无法投放 DOU＋。为什么会出现这样的情况呢？下面，笔者就来讲解 DOU＋无法投放的几个常见原因，帮助大家更好地完成 DOU＋投放。

1．内容质量差

不完整、画面模糊、画面比例不正常、让人看后不适的内容都属于质量差的内容,这些内容通常都是不允许投放 DOU ＋的。

2. 内容太负面

如果内容太过负面,包括出现错误的价值观、色情或暴力的内容,那么便不能投放 DOU ＋。即便运营者给这类内容提交 DOU ＋投放申请,也无法通过平台的审核。

3. 内容非原创

抖音是一个尊重原创的平台,如果运营者发布的内容是搬运过来的,那么即便提交了 DOU ＋投放申请,也不会被平台审核通过。通常来说,带有其他平台的水印或者显示了另一个账号 ID 的内容,会被平台判定为非原创内容。

图 3-15 所示的短视频中显示了某个抖音号的 ID,并且该 ID 与发布这个短视频的账号 ID 不同,因此该短视频很可能会被判定为非原创内容,运营者最好不要为其投放 DOU ＋。

图 3-15

第 3 章 基础入门：从零开始了解 DOU +

当然，有的短视频中有必要引用他人发布的内容，此时为了避免自己发布的内容被判定为非原创内容，运营者可以在引用的短视频画面中表明自己非恶意搬运，如图 3-16 所示。

图 3-16

4．内容中添加了商品

运营者只能给未添加商品的内容投放 DOU ＋，如果所选内容中添加了商品，那么将无法再找到 DOU ＋的投放入口。

以短视频 DOU ＋投放为例，如果短视频中未添加商品，那么点击图标，便会弹出"分享给朋友"对话框，并且该对话框中还会显示"帮上热门"按钮，如图 3-17 所示。运营者只需点击该按钮，便可给该短视频投放 DOU ＋。

如果短视频中添加了商品，那么点击图标之后，会弹出"分享给朋友"对话框，此时对话框中显示的是"小店随心推"按钮，如图 3-18 所示，而没有"帮上热门"按钮。在这种情况下，运营者就无法为该短视频投放 DOU ＋。

图 3-17

图 3-18

5. 内容存在隐性风险

内容存在隐性风险是指内容的传播可能会造成不良的影响。例如，内容涉嫌欺诈行为、推广的行业比较特殊（如医疗养生、珠宝和保险等行业），或者标题与视频内容不一致，那么通常是无法投放DOU＋的。

6. 内容中有硬性广告

虽然抖音平台并不限制用户发布硬性广告，但是对硬性广告投放DOU＋却是不被允许的。以短视频为例，一旦出现了以下内容，便很可能会被平台认定为包含了硬性广告。

（1）视频画面或音频中出现了品牌的名称或水印等。

（2）视频中长时间展示某件商品。

（3）视频中出现电话、微信号、二维码等联系方式。

（4）视频中包含诱导用户购买商品的内容。

7. 账号被限流或被封号

抖音平台会结合自身推出的各种行为规范对账号进行判断，如果某个账号被判定为多次违规，那么该账号将会被限流或被封号。这类被限流或被封号的账号通常是无法投放DOU＋的。

8. 账号未获得相关授权

账号中发布的内容需要获得相关的授权，否则将有可能存在侵权。而内容一旦被判定为侵权，将无法投放DOU＋。例如，有的抖音号在未获得授权的情况下，私自将相关影视剧作为素材，并制作成短视频进行发布。这样的短视频便极有可能构成侵权。

3.2 正确投放DOU＋

了解完DOU＋的相关内容之后，接下来需要做的就是进行DOU＋投放。那么，如何正确投放DOU＋呢？笔者认为可以从3个方面进行思考，这一节就来分别进行解读。

3.2.1 判断是否该投放 DOU ＋

在投放 DOU ＋之前，运营者应该要判断对应的短视频是否值得投放 DOU ＋。通常来说，满足以下条件的短视频会更值得投放 DOU ＋。

（1）完播率 ≥ 30%。完播率即完整播放短视频的数量与短视频播放量的比例，通常来说，完播率超过 30% 的短视频会被平台判定为优质视频。

（2）点赞率 ≥ 3%。点赞率即短视频点赞量与播放量的比例，通常来说，点赞率越高，就说明短视频越受用户的欢迎。

（3）评论率 ≥ 1%。评论率即短视频评论量与播放量的比例，一般情况下，评论率超过 1% 的短视频都是比较受用户欢迎的。

（4）分享率 ≥ 0.5%。分享率即短视频分享量与播放量的比例，分享率越高，就说明短视频对用户越有吸引力。

具体来说，运营者可以通过如下操作查看相关数据，判断短视频是否满足上述 4 个条件。

Step 01 进入抖音创作服务平台并登录抖音号，❶单击左侧导航栏中"视频数据"下的"作品数据"按钮；❷进入"作品数据"页面，单击对应短视频标题后方的"查看"按钮，如图 3-19 所示。

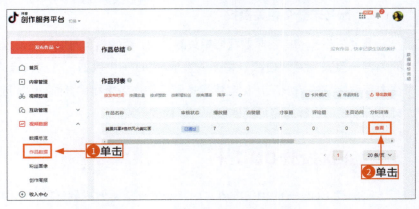

图 3-19

Step 02 执行操作后，即可在"作品分析"选项卡的"数据表现"板块中查看短视频的播放量、完播率、均播时长、点赞量、评论量、分享量和新增粉丝量。运营者只需利用相关数据进行计算，即可判断该短视频是否满足 DOU＋的投放条件。

3.2.2 选择合适的投放方法

DOU＋只是一款短视频加热工具，投放 DOU＋只是营销推广短视频的一个步骤，这个步骤并不能确保一定能达到运营者心中的要求，如必须涨粉 1000 以上、点赞量一定要超过 30 000 等。

而且，投放 DOU＋并非花钱即可，运营者还需要对 DOU＋的相关功能和要求进行深入了解，这样才能提升 DOU＋投放的效果。

1）选择合适的投放模式

在本章的 3.1.4 小节中，笔者详细讲解了 DOU＋投放的 3 种模式，大家可以按照自身情况去选择，在此就不再赘述。

2）选择合适的投放时间

大部分抖音用户都是利用自己碎片化的时间去刷短视频，所以选择一个合适的投放时间也是非常重要的。不过，需要注意的是，投放时间要与目标用户的使用时间相一致，如目标用户是上班人群，则可以选择上班路上、中午休息以及下班之后的时间。

3.2.3 根据投放数据进行复盘

DOU＋投放完之后，运营者不能一味地等待最终结果，而应该主动对投放数据进行复盘，让投放变得更有意义。对投放数据进行复盘，有利于了解 DOU＋投放后的各项数据发生了哪些变化，以及是否达到了预期的效果。

我们可以从两个方面对 DOU＋投放后的数据进行复盘，主要包括作品数据和内容分析。下面，笔者将详细讲解。

1. 作品数据

进入"作品数据"页面后,单击投放了DOU＋的作品最右侧的"查看"按钮,即可进入"作品分析"选项卡,如图3-20所示。

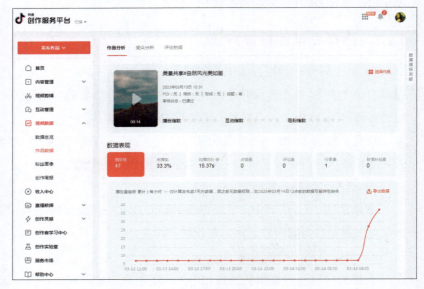

图 3-20

在此选项卡中,运营者可以查看投放了DOU＋的短视频的相关数据。运营者可以根据此短视频的播放量、完播率、均播时长、点赞量、评论量、分享量和新增粉丝量来查看DOU＋投放之后的效果。这些数据越高则说明短视频被越多人看到和喜欢。

2. 内容分析

有一部分运营者对短视频投放了DOU＋,但是效果不是很明显,在对相关数据和粉丝画像做了复盘后还是没有找到原因的话,就可以从该短视频的内容出发进行分析、复盘。进行内容分析主要注意两个方面,具体如下。

1) 短视频的质量

查看短视频的质量,可以从短视频的内容、价值观、画面和背景音乐4个方面入手。首先，一个优质的短视频，它的内容一定要有学习的价值，且是正向、积极的，最重要的一点是要获取大众的好感，因为受欢迎的内容才更容易上热门；其次，短视频的画面要清晰，这能让用户在第一印象上给短视频加分；最后，优质的短视频需要一个合适的、符合画面情境的背景音乐。

2）短视频的创作方式

抖音是一个提倡原创的短视频平台，会为原创短视频分配更多的流量推荐。所以，运营者切记不要盗取他人的短视频。如果有特殊要求，也应该在短视频画面上注明"非原创"等相关信息，或直接与原创作者联系，取得其准许。在抖音上开启原创说明的具体步骤如下。

运营者在发布抖音短视频时，在发布界面中选择"作品同步"选项，如图3-21所示。在弹出的对话框中开启"原创内容"选项，如图3-22所示。

图 3-21

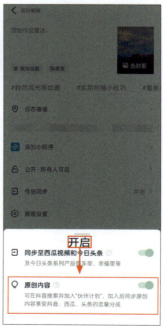

图 3-22

除在发布短视频的时候选择开启"原创内容"选项之外，运营者想要保持自己原创作品的权益，还可以进行原创作者的认证。认证后，运营者可以获得更多的专属权益，如享有原创作品保护、授权账号管理、站内维权等。

需要注意的是，若要开启原创作者认证，必须要保证自己发布的内容均为原创。接下来，笔者为大家介绍开启原创作者认证的操作步骤。

Step 01 进入并登录抖音短视频 App，进入"我"界面，❶点击 ■ 图标；❷选择"抖音创作者中心"选项，如图 3-23 所示。

Step 02 进入相应界面，点击"全部"按钮，如图 3-24 所示。

图 3-23　　　　　　　　　图 3-24

Step 03 执行操作后，弹出"我的服务"对话框，点击"学创作"板块下的"原创保护"按钮，如图 3-25 所示。

Step 04 进入"抖音原创保护中心"界面，在此可查看原创权益，如图 3-26 所示。

第 3 章 基础入门：从零开始了解 DOU +

图 3-25　　　　　　　　图 3-26

Step 05 点击"去认证"按钮，如图3-27所示。

Step 06 执行操作后，进入"原创作者认证"界面，只有满足"认证开通条件"板块下的3个条件，才可进行原创作者的认证。

❶ 选中"查看并同意《原创作者认证申请规则》"复选框；

❷ 点击"下一步"按钮，如图3-28所示。

图 3-27　　　　　　　　图 3-28

067

Step 07 执行操作后，系统会自动对账号上发布的作品进行检测，如果作品存在疑似非原创内容，则需要提交相关证明进行原创审核。图3-29所示为"原创审核材料"界面。

图 3-29

Chapter 04

第章

DOU＋投放：
了解管理和实操技巧

运营者进行 DOU＋投放，不仅可以提高短视频的浏览曝光量，还可以扩大商品的推广范围。

这一章，笔者就来讲解 DOU＋投放的实操和管理技巧，帮助大家快速掌握 DOU＋投放技巧。

4.1 进行 DOU＋投放

运营者可以通过 DOU＋投放增加内容的曝光量，让更多用户看到你发布的内容。本节，笔者就来讲解 DOU＋的投放技巧，帮助大家快速掌握 DOU＋投放的实操方法。

4.1.1 找到 DOU＋投放入口

运营者要使用 DOU＋加热短视频内容，就要先找到 DOU＋的投放入口。抖音的 PC 端和移动端都为用户提供了 DOU＋的投放入口，下面笔者就以 PC 端为例，为大家进行步骤解读。

Step 01 打开浏览器，进入抖音官网并登录，在"推荐"页面中，❶将鼠标停放在"合作"按钮上，显示子菜单；❷选择"广告投放"选项，如图 4-1 所示。

图 4-1

Step 02 执行操作后，进入巨量引擎平台的"营销产品"页面，该页面中为用户提供了多种广告类型的投放入口，单击"丰富的广告类型"板块中的"DOU＋"按钮，如图 4-2 所示。

Step 03 执行操作后，即可看到 DOU＋投放的相关介绍，单击介绍内容下方的"立即开始推广"按钮，如图 4-3 所示。

第 4 章　DOU＋投放：了解管理和实操技巧

图 4-2

图 4-3

Step 04 执行操作后，进入 DOU＋官网平台的默认页面，如图 4-4 所示，该页面中会显示 DOU＋投放的相关信息。运营者只需在该页面中进行信息设置，即可进行 DOU＋投放。

图 4-4

071

> **特别提醒** 只有未添加购物车（即商品）的短视频才能投放 DOU ＋，如果短视频中添加了购物车，那么就应该通过巨量千川投放来增加营销推广效果。

4.1.2 直接投放 DOU ＋

如果运营者经常通过自己的抖音号发布短视频，那么便可以选择为自己的短视频投放 DOU ＋，从而提高对应短视频的营销推广效果。具体来说，运营者可以选择通过 PC 端或移动端为自己的短视频投放 DOU ＋。下面，笔者就以 PC 端为例，介绍相关的操作方法。

Step 01 进入 DOU ＋官网平台的默认页面，❶选择想要获得的效果；❷选择需要加热的短视频（如果抖音号中只有一个符合 DOU ＋投放要求的短视频，系统会自动进行选择），如图 4-5 所示。

图 4-5

Step 02 向下滚动鼠标滚轮，❶选择合适的短视频加热方式；❷单击"支付"按钮，如图 4-6 所示。

Step 03 进入"收银台"页面，单击"扫码支付"按钮，如图 4-7 所示。

Step 04 执行操作后，会弹出"扫码支付"对话框，如图 4-8 所示。运营者只需使用支付宝或微信扫码付款，即可完成 DOU ＋的投放。

第 4 章 DOU + 投放：了解管理和实操技巧

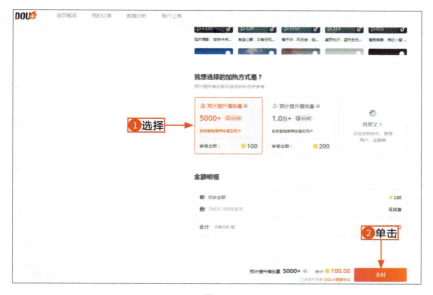

图 4-6

图 4-7

图 4-8

以上是直接使用平台默认的加热方式进行短视频 DOU ＋的投放，如果运营者对短视频 DOU ＋投放有具体的要求，也可以进行 DOU ＋的自定义加热设置，具体操作如下。

Step 01 进入 DOU ＋官网平台的默认页面，选择"我想选择的加热方式是？"板块中的"自定义"选项，如图 4-9 所示。

图 4-9

Step 02 执行操作后，会弹出"自定义投放"对话框，❶选择投放时长、视频推荐方式和投放金额；❷单击"确定"按钮，如图 4-10 所示。

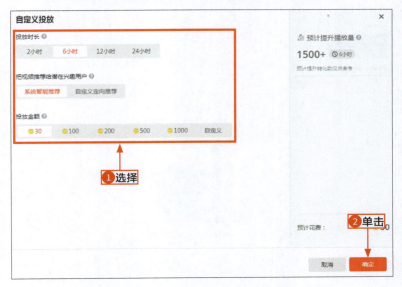

图 4-10

Step 03 执行操作后,返回 DOU＋官网平台的默认页面,❶ "我想选择的加热方式是?"板块中会显示自定义加热的信息;❷单击"支付"按钮,如图 4-11 所示。

图 4-11

Step 04 执行操作后,进入图 4-7 所示的"收银台"页面,运营者只需单击该页面中的"扫码支付"按钮,并根据提示扫码付款,即可完成 DOU＋的投放。

4.2 管理 DOU＋投放

在完成 DOU＋投放之后,运营者除了需要对效果进行复盘,还需要对 DOU＋投放后可能会出现的问题进行管理,如数据在哪里查看、订单无法查看等。本节,笔者就为大家讲解 DOU＋投放的管理技巧。

4.2.1 进行数据管理

完成投放 DOU＋后,短视频的相关数据会产生变化,此时便可以对这些数据进行查看和管理。但是,大多数运营者不知道在哪里查看。

下面，笔者以移动端为例，为大家介绍操作步骤。

Step 01 进入并登录抖音短视频App，进入"我"界面，❶点击 图标；❷选择"抖音创作者中心"选项，如图4-12所示。

Step 02 进入相应界面，点击"全部"按钮，如图4-13所示。

Step 03 执行操作后，弹出"我的服务"对话框，点击"进阶服务"板块中的"上热门"按钮，如图4-14所示。

Step 04 执行操作后，进入"DOU＋上热门"界面，在"我的订单"板块中，运营者可以直接查看账号近7日的数据表现，如图4-15所示。点击"更多数据"按钮，可进入"视频详情数据"界面，在此可查看近一个月的数据内容。

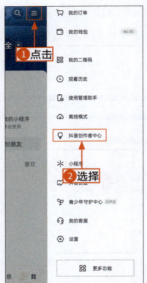

图 4-12

图 4-13

图 4-14

图 4-15

4.2.2 进行订单管理

投放 DOU ＋之后，运营者还可以对订单信息进行查看和管理。下面，笔者以 PC 端为例，介绍相关操作步骤。

Step 01 单击 DOU ＋官网平台默认页面中的"我的订单"按钮，进入对应页面，查看 DOU ＋的投放信息。当 DOU ＋的投放申请未通过时，运营者可以单击"我的订单"页面中审核不通过的订单所在的位置，如图 4-16 所示。

图 4-16

Step 02 执行操作后，会弹出相关窗口，该窗口中会显示"审核不通过"字样及不通过的原因，如图 4-17 所示。运营者可以根据审核不通过的原因调整投放内容，并再次提交投放申请，提高申请通过率。

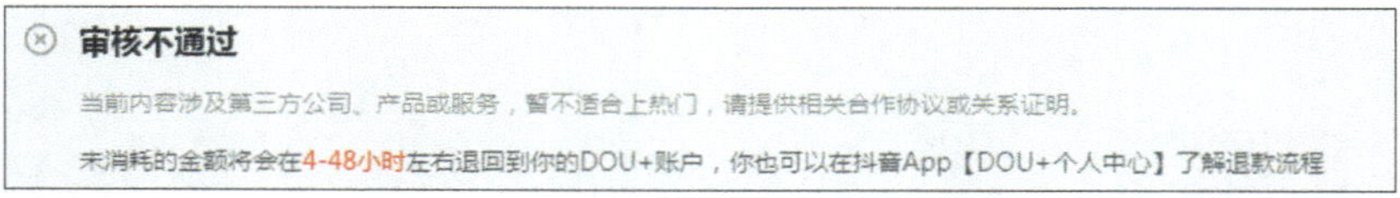

图 4-17

除此之外，DOU ＋投放完成后，运营者还可以查看订单的详情，评估 DOU ＋的投放效果，具体操作如下。

Step 03 单击"我的订单"页面中投放完成订单的所在位置，如图 4-18 所示。

Step 04 执行操作后，会弹出"订单详情"窗口，运营者可以直接在该窗口中查看 DOU ＋投放的订单信息、投放效果和互动数据，如图 4-19

所示。另外，运营者还可以向下滑动"订单详情"窗口，查看 DOU＋投放的内容分析和观众画像。

图 4-18

图 4-19

> **特别提醒**　"订单详情"窗口中的观众画像信息要等到投放完成才会显示出来，如果运营者在 DOU＋投放的过程中查看"订单详情"，那么会发现"观众画像"板块中没有显示观众的具体信息。

4.3　了解 DOU＋信息

不管是投放 DOU＋前还是投放 DOU＋后，运营者都需要对 DOU＋的相关信息进行熟悉，以方便之后更精准地投放 DOU＋。本节，笔者就为大家介绍 DOU＋的相关信息，帮助大家更了解 DOU＋。

第 4 章 DOU ＋投放：了解管理和实操技巧

4.3.1 账号升级

在部分投放场景下，投放 DOU ＋需要进行账号的升级，如短视频中添加的购物车含有第三方商品、短视频含有营销属性等。而且，账号升级后，运营者将享有更多的突出优势，如增强投放效果、增加转化目标等。下面，笔者为大家介绍账号升级的相关操作步骤。

Step 01 进入并登录抖音短视频 App，进入"我"界面，❶点击 图标；❷选择"抖音创作者中心"选项，如图 4-20 所示。

Step 02 进入相应界面，点击"全部"按钮，弹出"我的服务"对话框，点击"进阶服务"板块中的"上热门"按钮，如图 4-21 所示。

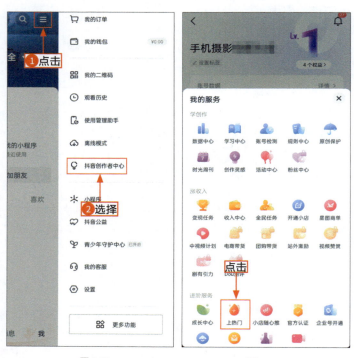

图 4-20　　　　　　　　图 4-21

Step 03 执行操作后，进入相应界面，在"我的账户"板块中点击"账号信息"按钮，如图 4-22 所示。

079

Step 04 执行操作后，进入"升级账号"界面，❶选中"已阅读并同意DOU＋账号升级协议，升级后仅支持开个人发票"复选框；❷点击"立即免费升级"按钮，如图4-23所示。

Step 05 进入"请选择认证方式"界面，如果之前已经对抖音号进行了实名认证，会弹出"巨量引擎"对话框，点击"同意"按钮，如图4-24所示。

Step 06 进入"个人资质认证"界面，❶选中"我已阅读并同意《人脸信息处理规则》"复选框；❷点击"确认以该身份信息进行认证"按钮，如图4-25所示。

图4-22　　　　　图4-23

图4-24　　　　　图4-25

Step 07 执行操作后,会显示"认证成功"字样,如图 4-26 所示,即可完成资质的认证。

Step 08 执行操作后,返回"账号信息"界面,如图 4-27 所示。运营者可以在此完善相关信息,如推广行业、投放资质等。

图 4-26

图 4-27

需要注意的是,在个人资质认证成功后,账号还需要约 15 分钟才可升级成功,且在此升级期间暂时不可以退款。

4.3.2 新手入门

抖音官方推出了 DOU + 新手入门内容,如果运营者不熟悉 DOU +,可以通过新手入门来进行了解。下面,笔者将详细介绍操作步骤。

Step 01 进入抖音创作者中心界面,点击"全部"按钮,弹出"我的服务"对话框,点击"进阶服务"板块下的"上热门"按钮,如图4-28所示。

Step 02 执行操作后,进入相应界面,点击"新手入门"按钮,如图4-29所示。

Step 03 执行操作后,进入"新手入门"界面,会看到很多的问题选项。笔者以"如何投放DOU＋"这一选项为例进行相关介绍。选择"如何投放DOU＋"选项,如图4-30所示。

Step 04 执行操作后,即可进入对应的抖音短视频播放界面,如图4-31所示。在该短视频中,详细解答了"如何投放DOU＋"这一问题。

图4-28

图4-29

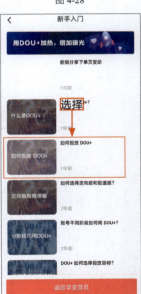

图4-30

图4-31

第 4 章　DOU＋投放：了解管理和实操技巧

4.3.3　直播教学

运营者要想通过直播来进行电商变现，就需要学习抖音官方的相关规则，避免出现抖音所禁止的内容。直播教学是抖音官方推出的一个教学操作，可以利用它来最大限度地学习直播的相关内容。下面，笔者为大家介绍进入直播教学的步骤。

Step 01 进入抖音创作者中心界面，点击"全部"按钮，弹出"我的服务"对话框，点击"进阶服务"板块下的"上热门"按钮，如图 4-32 所示。

Step 02 执行操作后，进入相应界面，点击"直播教学"按钮，如图 4-33 所示。

图 4-32

图 4-33

Step 03 执行操作后，即可进入"DOU＋直播间"界面，如图 4-34 所示。

图 4-34

进入"DOU＋直播间"界面后，运营者只能看到 DOU＋官方直播间会带来的好处，共有 6 点，具体内容如图 4-34 所示。为了让运营者更好地进行操作，笔者将为大家介绍详细的步骤。

Step 04 进入抖音短视频 App 搜索界面，搜索"DOU＋小课堂"，即可进入搜索结果界面，❶切换至"用户"选项卡；❷选择"DOU＋小课堂"，如图 4-35 所示。

Step 05 执行操作后，进入"DOU＋小课堂"主页界面，其简介中显示了直播的具体时间，如果想查看之前的直播，可以点击"直播动态"按钮，如图 4-36 所示。

图 4-35

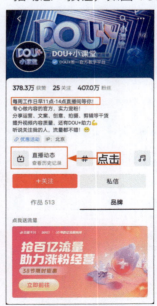

图 4-36

第 4 章　DOU + 投放：了解管理和实操技巧

Step 06 执行操作后，进入"直播动态"界面，在此界面可以看到该账号之前所有的直播历史动态，点击其中一个回放封面，如图 4-37 所示。

Step 07 执行操作后，即可进入该直播回放的播放界面，如图 4-38 所示，查看相关内容。

图 4-37　　　　　　　　　　图 4-38

4.3.4　福利社

福利社是指运营者可以进行的各项优惠活动，该项活动仅限受邀用户参与，受邀用户进入活动界面完成专属 DOU + 任务后，可以获得专属的奖励。接下来，笔者为大家介绍进入福利社的具体操作步骤。

Step 01 进入抖音创作者中心界面，点击"上热门"按钮，如图 4-39 所示。

Step 02 执行操作后，进入相应界面，点击"福利社"按钮，如图 4-40 所示。

图 4-39　　　　　　　图 4-40

Step 03 执行操作后，进入"热门活动"界面，点击"立即查看"按钮，如图 4-41 所示。

Step 04 执行操作后，进入"抖音商家成长中心"界面，该界面中有三大板块，分别为"成长任务""看视频 会推广""1v1 专属管家"，如图 4-42 所示。

图 4-41

第 4 章 　DOU＋投放：了解管理和实操技巧

图 4-42

> **特别提醒**　"看视频 会推广"板块主要是介绍一些有不同功能的官方账号，运营者对哪个功能感兴趣，即可点击"一键关注"按钮关注对应功能账号。"1v1 专属管家"板块主要功能是为运营者提供 1v1 指导、审核建议以及账号诊断等。

接下来，笔者将以"成长任务"这一板块为例，介绍完成任务的具体操作步骤。

Step 01　选择"成长任务"板块下的一个任务，笔者以"完成 DOU＋下单活跃天数 3 天"为例，点击其对应的"领任务"按钮，如图 4-43 所示。

Step 02　执行操作后，点击"去完成"按钮，如图 4-44 所示。

Step 03　执行操作后，即可返回"DOU＋上热门"界面，点击"选个视频上热门"板块下的"全部视频"按钮，如图 4-45 所示。

Step 04　执行操作后，在"我的视频"选项卡下点击"上热门"按钮，如图 4-46 所示。

087

图 4-43

图 4-44

图 4-45

图 4-46

第 4 章　DOU＋投放：了解管理和实操技巧

Step 05 执行操作后，进入"速推版"界面，在此进行 DOU＋的下单即可。并且，账号活跃天数还需要超过 3 天。只有这两个条件都满足后，该任务才算完成了。

4.3.5　任务中心

在 DOU＋任务中心中，运营者可以查看所有可领取的任务、待完成的任务以及 90 天内的历史任务等。DOU＋任务中心内发布的活动，受邀用户可以自行参与，不具有强迫性。下面，笔者为大家介绍进入任务中心的相关操作步骤。

Step 01 进入"DOU＋上热门"界面，点击"任务中心"按钮，如图 4-47 所示。

Step 02 执行操作后，即可进入"任务中心"界面，如图 4-48 所示。

图 4-47

图 4-48

4.3.6　常用功能

在"DOU＋上热门"界面中，除上面讲述的内容之外，还有一些常用功能,如"兑换收入""发票""退款""数据授权""账号速推""通知管理""用户帮助"。下面,笔者以"用户帮助"为例,介绍详细的操作步骤。

Step 01 进入"DOU+上热门"界面,点击"我的账户"板块下的"用户帮助"按钮,如图 4-49 所示。

Step 02 执行操作后,进入"帮助与客服"界面,在此可以选择或搜索需要解答的问题。笔者以"审核问题"为例,选择"审核问题"选项,如图 4-50 所示。

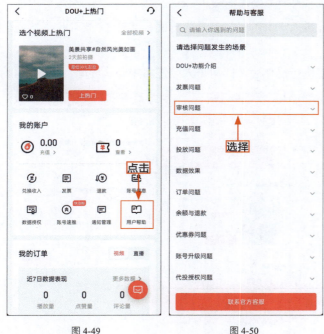

图 4-49　　　　　　　　图 4-50

Step 03 执行操作后,会显示一些常见的关于审核的问题,选择其中一个问题,如图 4-51 所示。

Step 04 执行操作后,会对此问题做出回答。如果对该问题还是不清楚的话,则可以点击此界面最下方的"联系官方客服"按钮,如图 4-52 所示。

第 4 章　DOU +投放：了解管理和实操技巧

图 4-51

图 4-52

Step 05 执行操作后，进入"欢迎咨询"界面，如图 4-53 所示，在此可以进一步咨询问题。

图 4-53

Chapter 05

站内引流：
吸引更多用户的目光

抖音短视频平台为运营者提供了许多引流的方法，运营者可以利用这些方法吸引用户的关注、刺激用户需求。本章，笔者就为大家介绍如何在抖音平台内进行引流。

第 5 章　站内引流：吸引更多用户的目光

5.1　抖音引流的具体方法

在互联网中，只要有了流量，变现就不是难题了。而如今的抖音就是一个坐拥庞大流量的平台。运营者只要运用一些小技巧，就可以吸引到相当大的一部分流量，从而更好地进行变现。

5.1.1　硬广引流

硬广告引流法是指通过在短视频中展示产品或品牌来获得流量的一种方法。运用这种方法引流时，运营者可以直接展示产品和品牌的优势，也可以将平时在朋友圈发布商品的反馈图全部整理出来，并制作成短视频。

例如，某新款手机上市时，该手机品牌的企业抖音号便是通过展示产品的优势来进行硬广引流的。

5.1.2　合拍引流

运营者可以借助抖音的"合拍"功能，利用原有短视频或视频中的某位知名人士进行引流。所谓"合拍"，就是在一个短视频的基础上再拍摄另一个短视频，然后将这两个短视频分别在屏幕的上下两侧同时呈现。下面，笔者就针对抖音"合拍"短视频的具体操作进行简要的说明。

Step 01 进入需"合拍"的短视频播放界面，点击 图标，如图 5-1 所示。
Step 02 弹出"分享给朋友"对话框，点击"合拍"按钮，如图 5-2 所示。
Step 03 进入抖音的拍摄界面，画面上方会出现你要拍摄的视频内容，下方则是原视频的画面。点击该界面中的 图标，如图 5-3 所示，进行视频的拍摄。
Step 04 拍摄完成后，点击 图标，如图 5-4 所示。

图 5-1　　　　　　　图 5-2

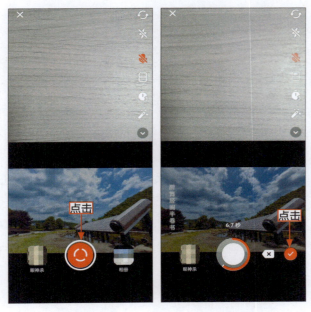

图 5-3　　　　　　　图 5-4

Step 05 进入短视频预览界面,在界面中查看短视频内容。确认内容无误后,点击"下一步"按钮,如图 5-5 所示。

Step 06 进入发布界面,在界面中设置视频的相关信息。设置完成后,点击"发布"按钮,如图 5-6 所示。

图 5-5　　　　　图 5-6

Step 07 操作完成后,自动进入"朋友"界面,在此界面左上方会显示"合拍"短视频的上传进度,如图 5-7 所示。

Step 08 视频上传完成后,此时"朋友"界面开始播放刚刚上传的"合拍"视频,说明"合拍"短视频发布成功了,如图 5-8 所示。

图 5-7　　　　　图 5-8

5.1.3 评论引流

许多用户在观看抖音短视频时，会习惯性地查看评论区的内容。同时，用户如果觉得短视频内容比较有趣，还可以通过 @ 抖音号，吸引其他用户前来观看该视频。因此，如果运营者的评论区利用得当，便可以起到不错的引流效果。

抖音短视频中能够呈现的内容相对有限，这就有可能出现一种情况，那就是有的内容需要进行一些补充。此时，运营者便可以通过评论区的自我评论来进一步进行表达。另外，在短视频刚发布时，可能看到该视频的用户不是很多，也不会有太多用户评论。如果此时运营者进行自我评论，也能从一定程度上提高短视频评论量。

除自我评价补充信息之外，运营者还可以通过回复评论来解决用户的疑问，引导用户的情绪，从而提高产品的销量。

回复抖音评论看似是一件再简单不过的事，实则不然。为什么这么说呢？这主要是因为在进行抖音评论时还有一些需要注意的事项，具体如下。

1. 第一时间回复评论

运营者应该尽可能地在第一时间回复用户的评论，这主要有两个方面的好处。一是快速回复用户能够让用户感觉到你对他很重视，从而增加用户对你和你的抖音号的好感；二是回复评论能够从一定程度上增加短视频的热度，让更多用户看到你的短视频。

那么，运营者如何才能做到第一时间回复评论呢？其中一种比较有效的方法就是在短视频发布的一段时间内及时查看用户的评论。一旦发现有新的评论，便在第一时间做出回复。

2. 不要重复回复评论

对于相似的问题，或者同一个问题，运营者不要重复回复。这主要有两个原因，一是很多用户的评论中或多或少会有一些营销的痕迹，如果重复回复，那么整个评价界面便会看到很多有广告痕迹的内容，而这些内容往往会让用户产生反感情绪。

二是对于相似的问题，点赞量相对较高的那条评论会排到评论界面的靠前位置，运营者只需在点赞量较高的问题下进行回复，其他有相似问题的用户自然就能看到。而且，这还能减少评论的回复工作量，节省大量的时间。

3．注意规避敏感词汇

对于一些敏感的问题和敏感的词汇，运营者在回复评论时一定要规避。

5.1.4 互推引流

互推就是互相推广的意思。大多数抖音号在运营过程中都会获得一些粉丝，只是对于许多用户来说，粉丝量可能并不是很多。此时，运营者便可以通过与其他抖音号进行互推，让更多用户看到你的抖音号，从而提高抖音号的传播范围，让抖音号获得更多的流量。

在抖音平台中，互推的方法有很多，其中比较直接且有效的一种互推方法就是在短视频中互相@，让用户在看到相关短视频之后，就能看到互推的账号。

5.1.5 矩阵引流

抖音矩阵就是通过多个账号的运营进行营销推广，从而增强营销的效果，获取稳定的流量。抖音矩阵可分为两种：一种是个人抖音矩阵，即某个运营者同时运营多个抖音号，组成营销矩阵；另一种是多个具有联系的运营者组成一个矩阵，共同进行营销推广。

例如，旺旺这一品牌便借助抖音矩阵打造了多个账号，且每个抖音号都拥有一定数量的粉丝，如图5-9所示。

图 5-9

5.1.6 分享引流

抖音中有分享转发的功能，运营者可以借助该功能，将抖音短视频分享至对应的平台，从而达到引流的目的。那么，如何借助抖音的分享转发功能进行引流呢？下面，笔者就对具体的操作步骤进行说明。

Step 01 登录抖音短视频 App，进入需要转发的短视频播放界面，点击➔图标，如图 5-10 所示。

Step 02 操作完成后，弹出"分享给朋友"对话框。在该对话框中点击"复制链接"按钮，如图 5-11 所示。

图 5-10

图 5-11

第 5 章 站内引流：吸引更多用户的目光

Step 03 以将短视频分享给微信好友为例，进入微信 App，选择需要分享短视频的对象，如图 5-12 所示。

Step 04 进入微信聊天界面，长按输入栏，❶粘贴短视频链接到输入栏中；❷点击"发送"按钮，如图 5-13 所示。

图 5-12

图 5-13

Step 05 执行操作后，聊天界面中便会出现短视频链接，如图 5-14 所示。如果微信好友想要查看该视频，可以复制这条短视频口令。

Step 06 执行操作后，进入抖音短视频 App 的"首页"界面，界面中会自动弹出一个提示框，点击"打开看看"按钮，如图 5-15 所示，即可进入该视频的播放界面。

图 5-14

图 5-15

5.1.7 收藏引流

抖音短视频平台为用户提供了收藏功能,运营者可以借助该功能收藏自己发布的短视频,并在合适的时候将短视频分享给好友。具体来说,运营者可以通过如下步骤收藏并分享短视频。

Step 01 登录抖音短视频 App,进入需要收藏并分享的短视频播放界面,点击★图标,如图 5-16 所示。

Step 02 操作完成后,界面中会显示"收藏成功",如图 5-17 所示。

Step 03 操作完成后,❶点击"我"按钮,进入"我"界面;❷切换至"收藏"选项卡;❸在"视频"选项区中选择刚刚收藏的短视频,如图 5-18 所示。

图 5-16　　　　　图 5-17　　　　　图 5-18

Step 04 操作完成后,即可进入刚刚收藏的短视频的播放界面,点击➦图标,如图 5-19 所示。

Step 05 操作完成后,弹出"分享给朋友"对话框,在此对话框中选择需要分享的对象,如图 5-20 所示。

Step 06 操作完成后，❶在输入框中输入想发送给对方的话；❷点击"私信发送"按钮，如图 5-21 所示。

Step 07 操作完成后，进入抖音聊天界面。如果界面中出现刚刚分享的短视频的封面，就说明收藏的短视频分享成功了，如图 5-22 所示。而抖音好友看到运营者分享的短视频封面之后，只需点击封面，便可以进入该短视频的播放界面。这样一来，运营者便可以将抖音好友变成短视频的流量了。

图 5-19

图 5-20

图 5-21

图 5-22

5.1.8 抖音码引流

抖音码实际上就是根据短视频链接生成的二维码,运营者将抖音码分享出去之后,用户便可以通过抖音"扫一扫"进入短视频的播放界面。具体来说,运营者可以通过如下步骤,借助抖音码进行引流。

Step 01 登录抖音短视频 App,进入需要分享的短视频播放界面,点击 ➡ 图标,如图 5-23 所示。

Step 02 操作完成后,弹出"分享给朋友"对话框,点击对话框中的"生成图片"按钮,如图 5-24 所示。

图 5-23   图 5-24

Step 03 操作完成后,界面中会出现短视频二维码图片和"分享到"提示框。例如,运营者要将短视频分享给微信好友,便可以点击提示框中的"微信好友"按钮,如图 5-25 所示。

Step 04 自动跳转至微信 App 中,选择需要分享的对象,如图 5-26 所示。

第 5 章 站内引流：吸引更多用户的目光

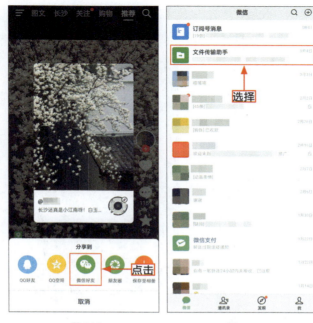

图 5-25　　　　　图 5-26

Step 05 进入微信聊天界面，发送短视频二维码图片，如图 5-27 所示。

Step 06 微信好友看到短视频二维码之后，如果想要查看短视频，可以保存该二维码，并进入抖音的"首页"界面，点击左上角的 ≡ 图标，如图 5-28 所示。

图 5-27　　　　　图 5-28

Step 07 操作完成后,点击 ⊟ 图标,如图 5-29 所示。

Step 08 进入扫一扫界面,点击界面中的"相册"按钮,如图 5-30 所示。

图 5-29

图 5-30

Step 09 进入"所有照片"界面,在该界面中选择刚刚保存的短视频二维码,如图 5-31 所示。

图 5-31

第 5 章 站内引流：吸引更多用户的目光

Step 10 操作完成后，微信好友便可以进入运营者分享的短视频的播放界面。这样一来，运营者便可以借此为分享的短视频获得一定的流量。

5.2 使用抖音相关功能引流

在抖音平台内部进行引流，除了解具体的引流方法之外，运营者还需要懂得利用抖音平台的实用功能进行营销推广，为视频带货助力。本节，笔者将对抖音平台中的 6 种带货实用功能分别进行解读。

5.2.1 同城功能

抖音短视频 App 中有一个"同城"板块，用户在该板块中可以查看与定位同城的短视频和直播。例如，当笔者的定位处于湖南省长沙市时，"同城"板块的名称将显示为"长沙"。而点击"长沙"按钮，则可进入"长沙"界面，查看同城的短视频和直播，如图 5-32 所示。

图 5-32

另外，在"同城"界面的下方有五大板块，用户可以选择感兴趣的板块进行观看。

105

运营者借助"同城"功能,能促进短视频的传播,让产品被更多用户看到。那么,运营者要如何利用"同城"功能更好地进行短视频带货呢?其中一个关键就是对发布的短视频进行定位。

具体来说,运营者可以在短视频发布界面中选择"你在哪里"选项,如图 5-33 所示;操作完成后,运营者便可以手动进行定位;手动定位完成后,如果 ⊙ 后方显示的是定位地点的名称,就说明定位操作成功了,如图 5-34 所示。

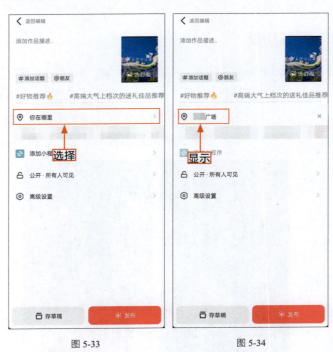

图 5-33　　　　　　图 5-34

定位成功之后,点击"发布"按钮发布该短视频,此时你的短视频就可能会被同城的用户看到。

5.2.2　朋友功能

抖音短视频 App 中有一个"朋友"板块,用户可以点击"朋友"按钮进入"朋友"界面,查看朋友发布的短视频,如图 5-35 所示。

图 5-35

"朋友"功能和微信朋友圈相似,只有成为彼此的好友(即互相关注),才能看到对方发布的短视频内容。也就是说,如果运营者想要更好地借助"朋友"功能进行短视频带货,还要想办法增加抖音好友的数量。

5.2.3 商城功能

抖音短视频 App 中有"货找人"和"人找货"两种消费路径。"货找人"是指运营者主动对商品进行营销推广,吸引用户购买商品;而"人找货"则是指用户主动寻找并购买商品。

"兴趣电商"这个概念提出来之前,抖音官方、商家和达人基本都是从"货找人"消费路径来发展电商。具体来说,抖音平台中推出了许多营销推广功能,助力商家和达人推广商品;商家通过上传商品并寻找带货达人推广商品,从而让更多用户购买商品;而达人则通过在抖音平台上发布内容来推广商品,获得带货收入。

图 5-36 所示为某带货达人发布的商品推广短视频。该短视频通过展示商品,并提供便利的购买途径(用户点击购物车链接,即可在弹出的窗口中购买商品)来吸引用户购买商品,这便是从"货找人"的消费路径来进行带货。

图 5-36

而"兴趣电商"概念提出来之后,抖音官方开始在"人找货"消费路径上发力,其中一个重大的举措就是在"首页"界面中推出了商城这一功能,即"购物"板块。商家上传到抖音平台上的商品和运营者发布的商品推广内容都可以从"购物"板块中搜索到。这样一来,许多用户会主动搜索并购买商品,"人找货"的消费路径也被抖音打通了。

第 5 章 站内引流：吸引更多用户的目光

具体来说，用户可以通过如下操作进入抖音商城搜索并购买自己需要的商品，让"人找货"的消费路径变得简单、高效。

Step 01 打开抖音短视频 App，会自动进入"首页"中的"推荐"界面，点击左侧的"购物"按钮，如图 5-37 所示。

Step 02 进入"购物"界面，点击搜索框，如图 5-38 所示。

图 5-37　　　　　　　　图 5-38

Step 03 执行操作后，❶在搜索框中输入商品名称，如"梳子"；❷点击"搜索"按钮，如图 5-39 所示。

Step 04 进入搜索结果界面，点击对应商品信息所在的位置，如图 5-40 所示。

Step 05 进入商品内容界面，点击"立即购买"按钮，如图 5-41 所示。

Step 06 执行操作后，会弹出商品购买信息设置窗口，❶设置商品的购买信息；❷点击"立即购买"按钮，如图 5-42 所示。

图 5-39

图 5-40

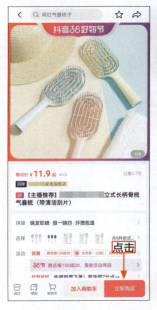

图 5-41

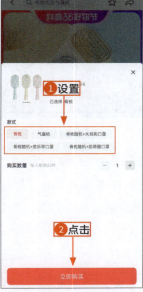

图 5-42

第 5 章 站内引流：吸引更多用户的目光

Step 07 执行操作后，进入订单信息界面，查看订单信息，确认无误后，点击"提交订单"按钮，如图 5-43 所示，支付对应款项，即可下单成功。

图 5-43

5.2.4 搜索功能

因为许多用户都是通过搜索功能来查找和观看抖音号内容的，所以运营者想要借助搜索功能提升短视频和账号的曝光量，还要了解抖音搜索功能的运行规则，并据此打造更容易被搜索到的内容。

具体来说，在抖音短视频 App 中，运营者可以点击"首页"界面中的 🔍 图标，如图 5-44 所示。执行操作后，即可进入抖音搜索界面，点击抖音搜索界面中的输入框，如图 5-45 所示。

执行操作后，❶在输入栏中输入需要搜索的内容，如"女装"；❷点击"搜索"按钮，如图 5-46 所示。执行操作后，自动进入"综合"搜索界面，该界面会根据搜索词向运营者推荐内容，如图 5-47 所示。

图 5-44

图 5-45

图 5-46

图 5-47

第 5 章 站内引流：吸引更多用户的目光

从搜索结果可以看出，搜索结果界面会将当前直播中添加的相关商品排在前列。所以，对于运营者来说，经常开直播，并在直播购物车中添加相关商品，也是增加商品搜索曝光量的一种有效途径。

另外，搜索界面中有两个需要重点关注的板块，即"猜你想搜"板块和"抖音热榜"板块。具体来说，"猜你想搜"板块会根据他人的热搜内容和用户的个人兴趣推荐一些热点内容，而"抖音热榜"板块则会展示抖音平台中热度较高的内容。借助这两个板块，运营者可以快速了解当前用户比较感兴趣的内容和抖音平台热度较高的内容，将这些内容中的关键词融入自己的作品中，能让你的作品更容易被用户看到。

通常来说，"抖音热榜"板块的内容是根据热度自动进行展示的，而"猜你想搜"板块展示的内容则会因人而异。如果运营者想了解更多热搜内容，还可以点击"猜你想搜"板块中的"换一换"按钮，如图 5-48 所示。执行操作后，"猜你想搜"板块中的热搜内容便会出现变化，如图 5-49 所示。

图 5-48

图 5-49

5.2.5 私信功能

运营者可以借助抖音平台的"私信朋友"功能,直接将短视频转发给抖音好友,从而增加短视频的流量。具体来说,运营者可以通过如下步骤分享抖音短视频。

Step 01 登录抖音短视频 App,进入需要分享的短视频播放界面,点击 图标,如图 5-50 所示。

Step 02 操作完成后,即可弹出"分享给朋友"对话框,点击对话框中的"私信朋友"按钮,如图 5-51 所示。

图 5-50　　　　　　　图 5-51

Step 03 选择好需要分享的对象后,点击"分享"按钮,如图 5-52 所示。

Step 04 操作完成后,短视频链接便会出现在聊天界面中,如图 5-53 所

第 5 章 站内引流：吸引更多用户的目光

示。抖音好友只需点击该链接，便可前往该短视频的播放界面，全屏查看视频内容。

图 5-52　　　　　　　　图 5-53

5.2.6　直播功能

　　直播对于运营者来说意义重大。一方面，运营者可以通过直播销售商品，获得收益；另一方面，直播也是一种有效的引流方式。只要用户在直播的过程中点击关注，便会自动成为该抖音号的粉丝。

　　图 5-54 所示为通过直播关注抖音号示例。在某个抖音电商直播中，用户只需要点击界面左上方账号头像所在的位置，界面中便会弹出一个账号详情提示框。如果用户点击提示框中的"关注"按钮，原来"关注"按钮所在的位置将显示"取消关注"。此时，用户便成功通过直播关注抖音号，成为该抖音号的私域流量。

115

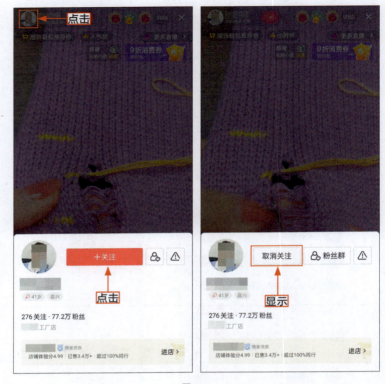

图 5-54

除此之外,在直播界面中还有一种更方便的关注方法,那就是直接点击直播界面左上方的"关注"按钮。

Chapter 06

商品引流：
实现流量的快速聚合

要想在抖音平台上带货，流量是至关重要的因素，没有流量就无法将货卖出去，因此运营者需要掌握产品的引流技巧。目前，抖音的引流渠道主要包括搜索流量、短视频、直播以及付费推广等，本章将介绍具体的引流方法。

6.1 提升搜索流量

随着电商的不断发展,在抖音平台上,搜索流量也是非常精准、优质的被动流量,而且其转化率甚至不亚于短视频的流量。只要运营者的短视频文案或商品标题与用户搜索的关键字相匹配,就有机会获得展现并带来流量和转化。本节主要介绍提升搜索流量的相关技巧,帮助运营者使用抖音快速打造爆款、提升口碑、引爆流量以及打造品牌。

6.1.1 提升流量的精准性

对于电商行业来说,流量的重要性显然是不言而喻的,很多运营者都在利用各种各样的方法来为店铺和产品引流,目的就是希望能够提升产品销量,打造爆款。流量的提升对于不同的人来说难易程度也不相同,愿意投入大量资金的店铺可以采用付费渠道来引流,规模较小的店铺则可以充分利用免费流量来提升产品曝光量。

这一点在抖音平台上也是殊途同归,电商运营者所制作的图文、短视频或直播内容都要围绕能够直接种草或引流到直播间来开展,并为最终 GMV(gross merchandise volume,商品交易总额)转化而服务。也就是说,流量一定要精准。

例如,很多运营者在抖音平台上拍摄短视频内容,然后在剧情中植入商品。拍摄短视频相对来说会比较容易吸引用户关注,也容易产生爆款内容,能够有效触达更多的用户,但获得的往往是"泛流量",用户关注的更多是内容,而不是商品。很多运营者内容做得非常好,但转化效果却很差,通常就是流量不精准造成的。

当然,并不是说这种流量毫无用处,有流量自然要好过没有流量,但运营者更应该注重流量的精准度。如果一定要拍摄短视频,那么就要注意场景的带入,在短视频中突出产品的需求场景及使用场景,这样的内容才会更符合抖音的算法机制,从而获得更多的曝光量。

6.1.2 整合搜索与电商业务

如今,搜索业务已经成为抖音乃至整个"字节系"产品的重中之重,未来将会更加深度地整合搜索与电商业务。为此,抖音还联合巨量算数发布了《2022抖音热点数据报告》,从热点事件、年度十大种草好物等多个维度回顾了过去一年中人们搜索的内容,如图6-1所示。

图6-1

从抖音短视频App的搜索数据量可以看出,字节跳动的搜索业务已经非常成熟,在抖音电商中布局搜索功能会变得更加如鱼得水,而且抖音上某些关键字的搜索指数甚至已经超过了百度。

另外,抖音还向百度搜索开放了索引,这就意味着用户可以直接在百度中搜索到抖音的内容。对于运营者来说,其发布的作品可以获得来自百度的搜索流量,从而触达更多的抖音站外流量。而且,搜索流量是一种长尾流量,一旦布局将终身受益,最重要的是这种流量是完全免费的。

> **特别提醒** 长尾流量是指前期和后期都可以获得流量,具有长尾效应。

6.1.3　认识搜索流量的排序

搜索优化是每个电商运营者必须掌握的技术，目的就是让更多的人知道或者看到自己店铺内的商品。

在抖音短视频App的"首页"界面右上方可以看到一个搜索图标，点击其即可进入搜索框，如在其中输入关键词"短裙"，下面就会自动弹出"短裙"的关键词信息，如"短裙半身裙""短裙a字裙""短裙套装"等，如图6-2所示。

进入搜索结果界面，切换至"商品"选项卡，系统会根据店铺好评率、产品销量等维度进行综合排序，将热卖商品排在前面，如图6-3所示。抖音通过完善搜索功能，不仅可以让流量的分配变得更加均衡，还能够降低对平台算法机制的依赖，同时从侧面证明了平台上商品种类的丰富度，已经达到了满足用户搜索商品并下单的需求。

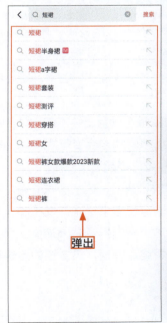

图6-2

图6-3

第 6 章 商品引流：实现流量的快速聚合

抖音平台上商品的自然搜索流量排名规则主要包括综合、销量和价格等排序方式，还可以搜索相关的直播内容和用户账号，下面分别进行介绍。

1. 综合排序

综合排序主要是根据运营者的商品在一段时间内产生的销量、价格、质量、售后和商品评分等条件进行综合评分来排名并更新的。例如，在搜索"女靴"关键词后，系统会默认按综合排序方式排列所有商品，如图 6-4 所示。

图 6-4

运营者可以通过提高商品质量分数，或者利用推广工具提升商品的基础数据，提升综合排序的自然搜索排名。

2. 销量排序

销量排序主要是根据商品近期的销量数据进行排名，并采用个性化的展示逻辑。采用销量排序模式时，排在靠前的商品基本都是销量上万的商品，如图 6-5 所示。

图 6-5

不过，细心的运营者可能会发现，很多商品销量明明比较小，却也能够排在搜索结果页的前面。这是因为销量排序依据的是商品近一段时间的销量，而搜索结果页面展现的是商品的所有销量，所以只要做好近期的销量，即可获得更高的销量排名。

3．价格排序

价格排序主要是根据商品价格从高到低或者从低到高来进行排序，并采用个性化的展示逻辑，如图 6-6 所示。运营者可以通过提高商品质量分数，或者利用付费推广和营销活动等方式提升商品权重，以获得更高的价格排名。

第 6 章　商品引流：实现流量的快速聚合

4．直播搜索

直播搜索采用的是信息流的展现模式，展现所有与搜索关键词相关的直播内容，如图 6-7 所示。直播搜索的主要依据包括直播间的标题文案、话题、达人名字和店铺名称等。

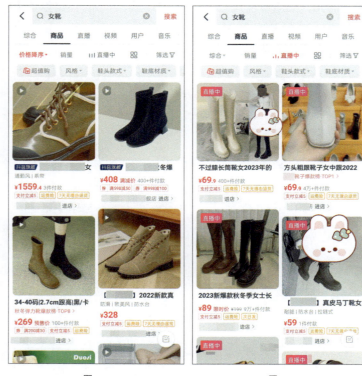

图 6-6　　　　　　　　　　　图 6-7

即使是新开通的抖店，只要运营者利用好直播和短视频等带货内容，也可以在抖音平台上获得较高的搜索权重。

5．用户搜索

切换至"用户"选项卡，可以搜索到所有与关键词相关的运营者账号。在"用户"搜索结果页面中，只要运营者的名字中包含了用户搜索的关键词，即可被用户搜索到，还可以直接订阅。

6.1.4 了解流量的构成模型

搜索流量主要来自抖音短视频 App 的搜索入口，自然搜索流量是免费的流量，而且搜索引来的流量非常精准，能够有效提高商品的转化率。例如，某用户在抖音上搜索"蚊帐"，然后在搜索结果中找到并点击了你的店铺商品，而你却没有做任何宣传广告，这就是免费的自然搜索流量，如图 6-8 所示。

图 6-8

搜索排名受到诸多因素的影响，具体包括商品标题、关键词适配度、上架时间、点击率、转化率、产品类目、销量、客单价、售后服务、质量评分和商品评价等，而且这些因素对搜索排名的影响作用也有大有小，同时搜索结果还会遵循个性化的展示逻辑。

对搜索排名影响最大的元素就是标题，包括商品、短视频和直播间的标题。做过其他电商平台的运营者都知道商品标题的重要性,但对于为什么要做好标题以及标题到底有什么作用,大家可能都是一知半解。

> **特别提醒**
>
> 制作标题有以下两个原则。
> (1)效果:获得的搜索词组合越多越好,同时搜索人气越高越好。
> (2)前提:标题中的关键词与产品高度相关,不要顾虑这些词的竞争度。

运营者在设计内容或商品标题时,可以采用包含性别规则,也就是说在标题中是否必须包含某个关键词时才能被用户搜到。例如,"运动服饰女"这个关键词,在标题中不体现"服饰"这个词时也能被用户搜索出来,如图6-9所示。

图 6-9

从图 6-9 中可以看到，搜索"运动服饰女"这个关键词时，在一些商品标题中，部分词并没有完全连在一起出现，说明这个关键词是可以拆分的，如"运动"和"女"都是可以分开的。

因此，运营者只要在对应类目中找到符合商品属性的关键词，然后经过拆分组合形成标题即可。也就是说，标题经过拆分组合可以形成更多的词组。因此，在制作商品标题的时候，运营者不要只按照常规顺序来选词，还要分析更多潜在的关键词组合，否则会错过很多搜索流量。

搜索流量的基本公式为"搜索流量＝搜索展现量 × 搜索点击率"。其中，搜索展现量是由平台决定的，而搜索点击率则是由用户决定的。在这两个指标中，运营者都可以进行优化调整，以提升搜索流量。在抖音平台上，想要获得商品展现量和流量，还必须了解搜索流量的构成模型，如图 6-10 所示。

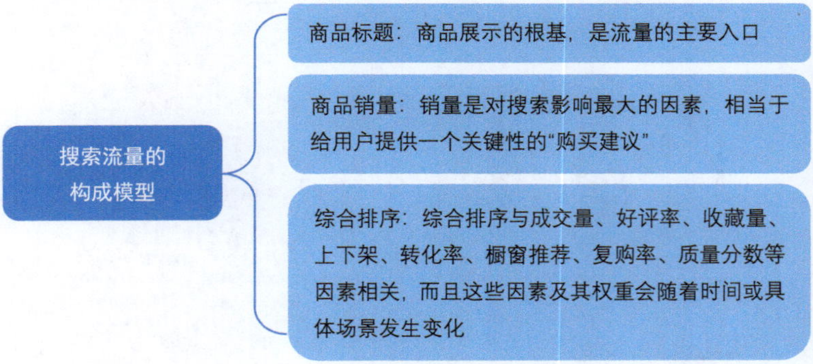

搜索流量的构成模型
- 商品标题：商品展示的根基，是流量的主要入口
- 商品销量：销量是对搜索影响最大的因素，相当于给用户提供一个关键性的"购买建议"
- 综合排序：综合排序与成交量、好评率、收藏量、上下架、转化率、橱窗推荐、复购率、质量分数等因素相关，而且这些因素及其权重会随着时间或具体场景发生变化

图 6-10

当用户搜索一个关键词时，抖音平台的搜索机制就会在后台筛选相关的商品，最终选择 SEO（search engine optimization，搜索引擎优化）做得好的商品展示在前面。如果运营者在发布商品时，类目属性放错了，或者商品的标题不够准确，抑或是店铺的相关性不够高，那么商品就会被搜索引擎筛掉，这是抖音平台 SEO 精准性"小而美"的体现，也是所有运营者需要注意的地方。搜索优化的关键指标如图 6-11 所示。

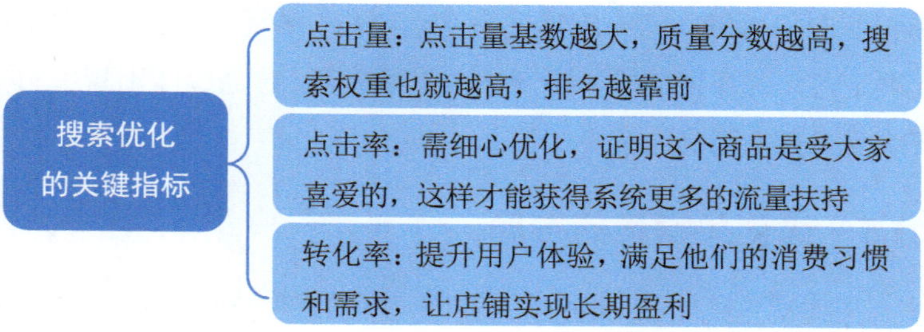

第6章 商品引流：实现流量的快速聚合

搜索优化的关键指标
- 点击量：点击量基数越大，质量分数越高，搜索权重也就越高，排名越靠前
- 点击率：需细心优化，证明这个商品是受大家喜爱的，这样才能获得系统更多的流量扶持
- 转化率：提升用户体验，满足他们的消费习惯和需求，让店铺实现长期盈利

图 6-11

> **特别提醒** 权重是一个相对概念，是针对某一指标而言的，如抖音上的权重就是平台根据商品表现给出的一个估值，可以用于评估商品获取流量和排名的能力。

在等同的推广花费下，商品的点击率越高，则获得的点击量就会越大，平均点击扣费（获客成本）则相对来说就会越低，即商家的盈利也就越多。

搜索排名的匹配是由商品标签（所在类目、属性、标题关键字）和用户标签共同决定的。其中，用户标签的组成部分如下。

（1）用户基本属性：用户在注册平台账号时设置的基本资料，如年龄、地区、性别等，这些资料会形成部分基本标签。不过，用户可能会随时修改这些资料，因此这种标签的稳定性比较差。

（2）用户行为标签：用户浏览、加购、购买某个商品的记录，形成的用户行为标签，这种老客户标签对于搜索结果的影响非常大。

如果运营者无法在短期内快速拉新，不妨回头看看自己的老客户，这些老客户的作用是新客户无法替代的。维护老客户不仅可以帮助运营者减少广告支出、沟通成本和服务成本，还能获得相对稳定的销量。运营者在打造爆款产品时可以转换一下思路，利用用户标签来吸引和维护店铺的老客户，让店铺的生意更长久、更火爆。

同时，搜索引擎会计算出商品的综合分数，综合分数越高，在综合排序中排在前端的时间就越长。最后，系统会按照所有商品各自获得的综合分数来排序，将其逐个排列在搜索结果界面中，等待用户选择和点击。当然，如果店铺还没有老客户，则运营者可以根据产品的人群定位来选择精准的关键词作为引导标签，并通过优化商品"内功"来给商品打上精准的用户标签。

6.1.5 优化关键词的布局

关键词是英文keywords的翻译，指的是用户在搜索时键入的能够表达用户个体需求的词汇。关键词在抖音平台上起到用户索引和匹配商品/内容的作用。系统通过搜索识别商品或内容标题，将标题拆分成词根，进行检索匹配。图6-12所示为关键词的排序规则。

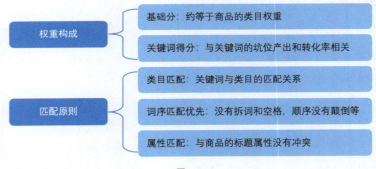

图 6-12

关键词匹配的四大逻辑如图6-13所示。运营者在设置商品标题的关键词时，注意采用热词优先的基本原则，即根据后台的数据，先布局热搜词和热搜词的下拉词来作为标题。同时，运营者在做标题时还需要注意设置合理的词序。

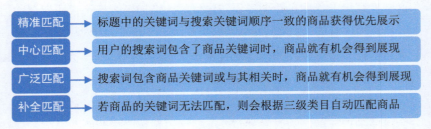

图 6-13

从关键词的属性来看，可以分为物理属性关键词和抽象属性关键词。

（1）物理属性关键词：从商品的图片上即可看出来的关键词。例如，"加长款""高腰""休闲裤"这些词都属于物理属性关键词，如图 6-14 所示。

（2）抽象属性关键词：是指概念和人群需求比较模糊，难以界定属性的产品关键词。图 6-15 所示为抽象属性关键词示例，因为该标题中的"商场同款""春季""新款"等关键词在图中并不能很好地进行判断和界定。

图 6-14

图 6-15

用户在抖音平台上搜索某个商品关键词时，在众多的商品中系统有一个搜索排名规则，搜索排名越靠前，在展现界面的位置也会相对应地靠前。其中，这个搜索排名就是靠关键词权重来衡量的。自然搜索流量可以为店铺带来最精准的访客，转化和销量自然也会更好。

关键词的选择精髓在于两个字——"加减",运营者需要不断地通过数据的反馈来加关键词或者减关键词。选择关键词的相关技巧如下。

(1)关键词的数量足够多。在商品标题中,精准关键词的数量越多,获得的曝光量自然会越大。

(2)关键词的搜索热度高。搜索热度是指关键词搜索次数,数值越大,代表搜索次数越多。搜索热度低的关键词说明其搜索人气也非常低,搜索该关键词的用户群体自然也会很少,从而影响关键词的整体曝光量。

(3)选取的关键词要足够精准。如果运营者选择的关键词与商品属性相差比较大,或者毫无关系,也会影响商品的整体曝光量。

6.2 利用流量渠道

如今,短视频和直播已经成为新的流量红利阵地,具有高效曝光、快速涨粉和有效变现等优势。另外,运营者还可以利用各种站内外渠道为自己的产品、直播间和短视频引流,在增加账号粉丝量的同时,为产品带来更多的流量和销量。

6.2.1 爆款种草短视频

种草是一个网络流行语,表示分享推荐某一商品的优秀品质,从而激发他人购买欲望的行为。如今随着短视频的火爆,带货能力更好的种草视频也开始在各大新媒体和电商平台中流行起来。种草视频的基本类型如下。

(1)混剪解说类:通过收集同行业账号的视频素材,或者其他种草平台的相关图片和文案进行混剪,并重新配音和加字幕进行二次创作,能够快速、低成本地产出大量带货视频。但是,这种种草视频存在版权风险,必须先获得授权后再使用。

(2)商品展示类:纯粹地在视频中展示商品,没有真人出镜和口播,但注意拍摄环境要干净整洁、光线明亮,同时视频能够呈现出商品的最大亮点和使用效果的前后对比,并选用热门的背景音乐。

(3)口播视频类:即在视频中展示商品的同时加上真人口播,真人不用露脸,可以通过声音和字幕来打动消费用户。

(4)线下带货类:对于拥有线下实体店铺、企业或工厂的运营者来说,可以将这些线下场景作为视频的拍摄背景,在视频中展示产品的生产环境或制作过程,能够体现运营者的备货、供货能力。

抖音短视频 App 中设置了拍摄和上传种草视频的功能,如图 6-16 所示,目的是激励更多年轻人群体成为好物分享达人。种草视频不仅可以给潜在用户展示你的产品及其功能优势,还可以与用户快速建立信任关系。

图 6-16

任何事物的火爆都需要借助外力,而爆品的锻造升级也是如此。在这个产品繁多、信息爆炸的时代,如何引爆产品是每一个抖音电商运营者都值得思考的问题。从种草视频的角度来看,打造爆款需要做到以下几点,如图 6-17 所示。

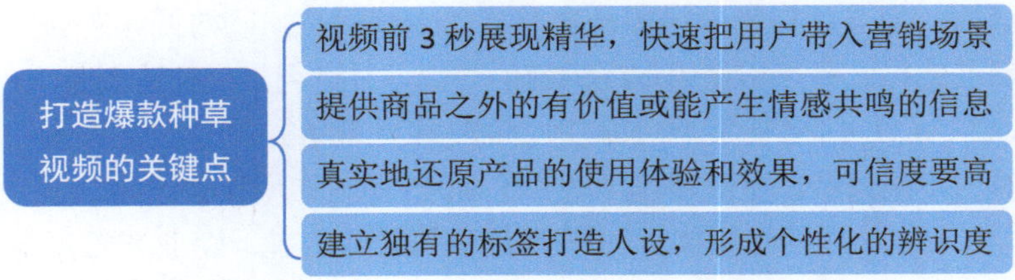

打造爆款种草视频的关键点
视频前 3 秒展现精华，快速把用户带入营销场景
提供商品之外的有价值或能产生情感共鸣的信息
真实地还原产品的使用体验和效果，可信度要高
建立独有的标签打造人设，形成个性化的辨识度

图 6-17

6.2.2 DOU ＋上热门

投放 DOU ＋可以实现将短视频推荐给更多兴趣用户，提高短视频的播放量与互动量，以及短视频中带货产品的点击率。运营者可以在抖音上打开需要投放 DOU ＋的短视频，点击•••图标，在弹出的对话框中点击“上热门”按钮，如图 6-18 所示。执行操作后，即可进入 DOU ＋的“速推版”界面，如图 6-19 所示。

3种放置方式
挂钩
磁吸
支架
全屏观看
点击
发布了作品
数据分析
权限设置
分享给朋友
点击
建群分享
复制链接
保存本地
删除
上热门
一起看视频
数据分析
合拍

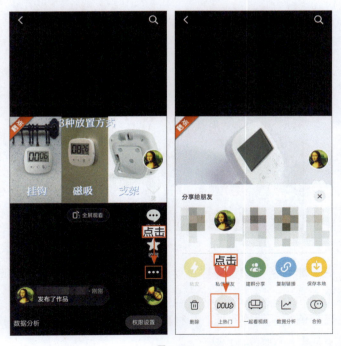

图 6-18

第 6 章　商品引流：实现流量的快速聚合

图 6-19

"DOU＋上热门"工具适合有店铺、有产品、有广告资源或者有优质内容，但账号流量不足的运营者。投放 DOU＋的视频必须是原创视频，内容完整度高，视频时长超过 7 秒，且没有其他 App 水印和非抖音站内的贴纸或特效。

需要注意的是，系统会默认将视频推荐给可能感兴趣的用户，建议有经验的运营者选择自定义投放模式，根据店铺实际的精准目标消费群体来选择投放用户。

投放 DOU＋后，运营者可以在"DOU＋上热门"界面中查看订单详情。只要运营者的内容足够优秀、广告足够有创意，就有很大概率将这些用户转化为留存用户，甚至变为二次传播的跳板。

6.2.3 小店随心推

"小店随心推"是一款专用于推广抖音小店商品的轻量级广告产品，是为了适配电商营销场景而打造的 DOU ＋电商专属版本，与抖店的结合更紧密，有助于电商营销新手在移动端更好地推广店铺和商品。

运营者可以进入抖音创作者中心的"我的服务"界面，在"进阶服务"板块中点击"小店随心推"按钮，进入对应界面，如图 6-20 所示，在此可以选择推广视频或直播。例如，点击"直播推广"按钮后，选择要推广的直播间，在此可以设置投放金额、直播间优化目标、想吸引的观众类型、加热方式、期望曝光时长和支付方式等选项，同时系统会自动计算出预估流量，如图 6-21 所示。

图 6-20

图 6-21

6.2.4 直播间主播券

主播券主要针对开通了精选联盟功能的达人,可以帮助达人提高所带货品销量,以及帮助运营者提升收益。需要注意的是,主播券的成本由带货达人来承担,运营者付出的佣金和最终的货款收入不受影响。

运营者可以进入巨量百应平台的"直播管理"页面,在左侧导航栏中选择"营销管理"选项卡下的"主播券管理"选项,进入对应页面,单击"新建主播券"按钮即可创建主播券,如图6-22所示。

图 6-22

例如,某商品的价格为200元,运营者设置了20%的佣金比例,达人为该商品带货时创建了面额为10元的主播券,则用户下单时只需实际支付190元,另外10元由达人支付给运营者,但运营者仍按照每单40元佣金结算给达人。

达人设置了主播券后,相当于达人将自己的部分佣金让利给了用户,从而为产品带来更多的销量。同时,用户需要关注达人才能领券购买商品,如图6-23所示,这种引流方式对于精准用户的吸引力极大,能够快速增加达人的粉丝量。

图 6-23

6.2.5 直播预告功能

很多主播在直播的过程中，都遇到过引流效果差、直播观看人数不稳定、缺少粉丝互动等问题。另外，对于用户来说，也有可能会遇到自己喜欢的主播开播了，但自己却不知道的情况，从而错过了精彩的内容和优质的商品。

下面，笔者将介绍两种通过直播预告快速引流吸粉的方法，帮助主播让自己的直播间触达更多潜在用户，提升直播间的精准推荐与转化效果。

1. 利用直播预告贴纸吸粉

主播可以发布直播预告视频，将直播时间和主题提前告诉用户，提

第 6 章　商品引流：实现流量的快速聚合

高看播量和流量转化效率，同时可以进行精准"种草"与"收割"。另外，主播还可以分析直播预告视频的观看和互动数据，提前预估直播流量，做好充分的准备工作，为直播间观众带来更好的互动体验。

在抖音短视频 App 中拍摄或上传一段直播引流短视频，进入视频编辑界面，点击"贴纸"按钮，在弹出的"贴图"对话框中选择"直播预告"贴纸，如图 6-24 所示。弹出"选择开播时间"对话框，选择相应的开播时间，如图 6-25 所示。

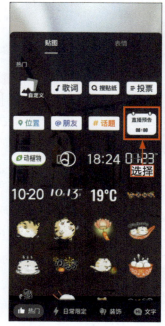
图 6-24

图 6-25

点击"确认"按钮，即可添加"直播预告"贴纸。发布直播预告视频后，即可在短视频界面中显示"直播预告"贴纸，同时主播也会在开播前收到对应的预告开播提醒。用户看到直播预告视频后，可以点击预告贴纸中的"想看"按钮进行预约，不管预约的用户是否关注了主播，都会收到主播开播的推送消息。

2. 主播个人主页直播动态吸粉

主播可以在自己的个人主页中设置与修改直播公告，当用户访问主播的主页时，可以随时在"直播动态"栏中看到主播发布的直播公告信息，❶点击后可以进入其详情界面；❷点击"想看"按钮可以进行预约，如图 6-26 所示。

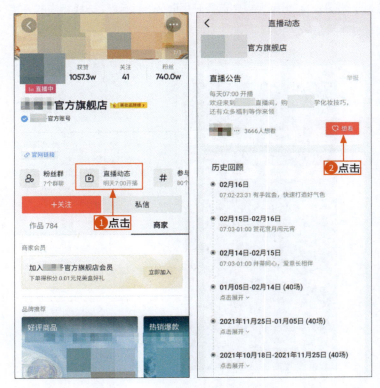

图 6-26

在主播的"直播动态"详情界面中，所有粉丝都可以看到主播过去直播场次的历史回顾，让开播历史有迹可循，同时让主播形象更加丰富立体。对于新用户来说，可以通过直播动态的回顾加强与主播的互动与情感共鸣，增强用户黏性，促进转化率。

设置"直播动态"的具体方法：在抖音短视频 App 中进入"开直

播"界面,点击"设置"按钮,弹出"设置"对话框,选择"直播预告"选项,然后设置相应的开播时间和预告内容,如图 6-27 所示。点击"保存"按钮,即可添加直播预告,等待系统审核通过后,即可展示到主播的个人主页中。

图 6-27

3. 直播引流的相关技巧

这里总结了一些直播引流的相关技巧,具体内容如下。

(1)开播预热:在直播开始前 3 个小时左右,发布一个短视频进行预热,这样开播时能够快速吸引粉丝进入直播间观看。

(2)同城定位:主播可以开启直播间的同城定位功能,吸引更多附近的粉丝观看直播,如果附近的人比较少,也可以切换定位地点。

(3)直播预告:主播可以在个人主页的简介区中发布直播预告动态内容,告诉粉丝你的直播时间和主题。

(4)开播时间:主播必须根据自己的粉丝群体属性来确定开播时间,确保在你开播时粉丝也有空,这样直播时才会有更多粉丝观看。

(5) 标题封面：好看的封面能够让直播间获得更多曝光量，标题则要尽量突出主播的个人特点和内容亮点，展示主要的直播内容。

(6) 分享直播间：当主播开播后，可以将直播间分享给好友和粉丝，同时充分展示自己的才艺，通过各种互动玩法提升直播间人气。

(7) 参与直播活动：主播也可以积极参与平台推出的直播活动，赢取更多曝光机会和流量资源。

6.2.6 站外社交平台

运营者可以将抖音上的带货短视频或直播间分享到微信朋友圈、QQ空间以及微博等站外社交媒体平台，通过私域流量为产品进行引流。下面，笔者以QQ为例，介绍将抖音短视频分享到QQ上的步骤。

在抖音上打开要分享的短视频，❶点击┅图标；❷在弹出的"分享给朋友"对话框中点击"复制链接"按钮，如图6-28所示。成功复制链接后，打开手机QQ，运营者可以选择想要分享该短视频的QQ好友，将链接发送给好友，如图6-29所示。

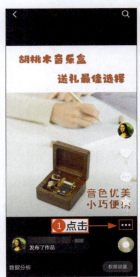

图6-28

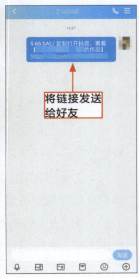

图6-29

除了通过"复制链接"的方式分享短视频给好友外,运营者还可以通过"保存本地"的方式下载该短视频,然后将其发送给好友。

相比之下,通过"保存本地"的方式虽然要下载视频,但其展示效果更好,收到视频的用户可以直接在QQ聊天界面中点击该视频,即可打开查看视频内容,同时视频中还会展示运营者的抖音账号,引流效果更好。

"复制链接"方式则需要用户复制该链接,然后去抖音中查看短视频,用户可以直接在视频中下单,因此这种方式的转化率要更好一些。

运营者需要注意的是,在社交媒体上发布带货内容时,由于一些不恰当的刷屏,会常常受到好友或粉丝的排斥、屏蔽和拉黑,不但使带货效果大打折扣,还会影响与好友建立的情感。

运营者想要在社交媒体上赢得好友和粉丝的好感,增加信任度,需要多提升自己的存在感。例如,"颜值"高的运营者可以展现帅气甜美的形象,"颜值"越高吸引力就越强,可以间接引发情感上的共鸣。

在社交媒体上,运营者除了在进行营销时需要发布产品的短视频和基本信息外,为了让粉丝信任自己,也可以分享一些工作内容、工作环境、工作进展等,这些都是与粉丝增进关系的情感利器。

Chapter 07

粉丝沉淀：
创建你的私域
流量池

什么是沉淀粉丝？笔者认为就是将抖音这个平台上的公域流量转化成自己抖音号或微信号上的私域流量。

那么，怎样才能将公域流量转化成私域流量呢？笔者将在本章中给出答案。

7.1 了解私域流量

对于任何生意来说，用户都是最重要的因素，如你拥有成千上万的专属用户，那么不管做什么事情，都会更容易取得成功。因此，不管是企业还是个人创业者，不管是传统行业还是新媒体行业，我们每个人都需要打造自己的专属私域流量池。

7.1.1 什么是私域流量

私域流量是相对于公域流量的一种说法，其中，"私"指的是个人的、私人的、自己的意思，与公域流量的公开相反；"域"指的是范围，表示这个区域到底有多大；"流量"则是指具体的数量，如人流数、车流数或者用户访问量等。后面这两点对于私域流量和公域流量来说都是相同的。

公域流量的渠道非常多，包括各种门户网站、超级 App 和新媒体平台，如淘宝、京东、拼多多、携程、美团、爱奇艺、百度、搜狗输入法和酷狗音乐等。

上面列举的这些平台都拥有亿级流量，并且通过流量来进行产品销售。它们的流量有一个共同特点，那就是流量都是属于平台的，都是公域流量。商家或者个人在入驻平台后，可以通过各种免费或者付费方式来提升自己的排名、推广自己的产品，从而在平台上获得用户并促成下单。

例如，歌手可以在酷狗音乐上发布自己的歌曲，吸引用户收听，并促使用户通过付费充值会员来下载歌曲，从而获取盈利。

我们要想在公域流量平台上获得流量，就必须熟悉这些平台的运营规则，具体特点如图 7-1 所示。

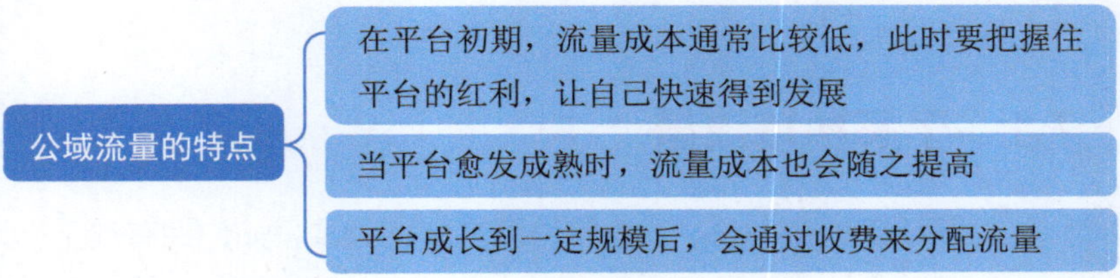

```
公域流量的特点 ┬─ 在平台初期，流量成本通常比较低，此时要把握住平台的红利，让自己快速得到发展
              ├─ 当平台愈发成熟时，流量成本也会随之提高
              └─ 平台成长到一定规模后，会通过收费来分配流量
```

图 7-1

因此，不管你是做什么生意，都需要多关注这些公域流量平台的动态，对于那些有潜力的新平台，一定要及时入驻，并采取合适的运营方法来获取平台红利。而一旦是在平台的成熟期进入，那么你就要比别人付出更多努力和更高的流量成本。

对于企业来说，这些公域流量平台最终都是需要付费的，而在这些平台所获取的收益也都需要分给它们一部分。而对于那些有过成交记录的老客户来说，这笔费用就显得非常不值。当然，平台对于用户数据保护得非常好，因为这是它们的核心资产，企业想要直接获得流量资源非常难，这也是大家都在积极将公域流量转化为私域流量的原因。

对于私域流量，目前还没有统一的具体定义，但是私域流量也有一些共同的特点，如图 7-2 所示。

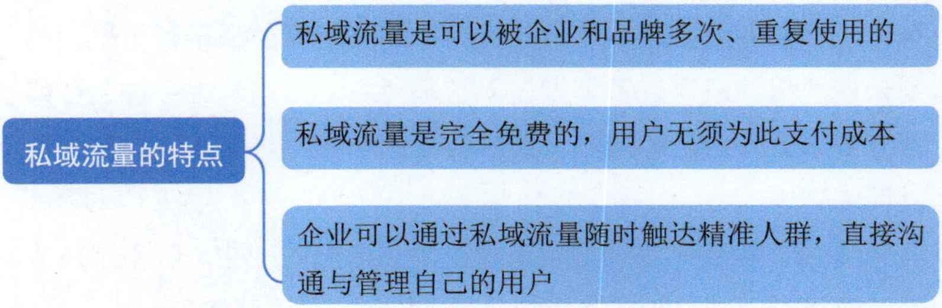

```
私域流量的特点 ┬─ 私域流量是可以被企业和品牌多次、重复使用的
              ├─ 私域流量是完全免费的，用户无须为此支付成本
              └─ 企业可以通过私域流量随时触达精准人群，直接沟通与管理自己的用户
```

图 7-2

例如，对于微博来说，上到热门头条后被所有微博用户看到，这就是公域流量；而通过自己的动态页面，让自己的粉丝看到微博内容，

这就是私域流量。

企业和自媒体人可以通过微博来积累和经营自己的粉丝流量，摆脱平台的推荐和流量分配机制，从而更好地经营自己的资产，实现个人价值和商业价值。

对于公域流量来说，私域流量是一种弥补其缺陷的重要方式，而且很多平台还处于红利期，可以帮助企业和自媒体人补足短板。

7.1.2 为什么要做私域流量

如今，不管是做淘宝电商还是自媒体"网红"，尤其是对于大量的传统企业来说，大家都越来越感觉到流量红利殆尽，面对着用户增长疲软的困境，大部分人都面临流量瓶颈下的难题，具体如下。

（1）获客难：同类竞争加剧，新的流量入口难以开发，流量成本越来越高。

（2）留客难：碎片化的用户使用场景，导致用户的注意力被极度分散，让他们难以形成归属感，用户黏性非常低。

（3）拉新难：各种宣传方式都使用得炉火纯青，但就是带不来属于自身品牌的新顾客。

（4）盈利难：动辄几千万甚至几亿元的广告费用，再加上为了引流而进行的长期补贴，亏损成必然。

很多用户对于各种营销套路已经产生了"免疫力"，甚至对于这些营销行为觉得厌恶，而会直接屏蔽。在这种情况下，流量成本可想而知是相当高的，因此很多自媒体创业者和企业都遭遇了流量瓶颈。

那么，该如何突破这些流量瓶颈带来的难题？答案就是做私域流量，通过微信公众号、朋友圈、小程序、微博以及抖音等渠道来打造自己的专属私域流量池，把自己的核心用户圈起来，让彼此的关系更加持久。

7.1.3 私域流量的好处

打造私域流量池,就等于你有了自己的"个人财产",这样你的流量会具有更强的转化优势,也会有更多的变现可能。下面,笔者将介绍私域流量模式的商业价值,探讨这种流量模式对于大家究竟有哪些好处。

1.降低营销成本

以往我们在公域流量平台上做了很多付费推广,但是并没有与这些用户产生实际关系。例如,拼多多商家想要参与各种营销活动来获取流量,就需要交纳各种保证金。但是,即使商家通过付费推广来获得流量,也不能直接和用户形成强关系,用户在各种平台推广场景下购买完商家的产品后,又会再次回归平台,所以这些流量始终还是被平台掌握在手中。

其实,这些付费推广获得的用户都是非常精准的流量。商家可以通过用户购买后留下的个人信息,如地址和电话号码等,再次与用户接触,甚至可以通过微信来主动添加他们,或者将他们引导到自己的社群中,然后通过一些老客户维护活动来增加他们的复购率。

同时,这些老客户的社群也就成了商家自己的私域流量池,而且商家可以通过朋友圈等渠道来增加彼此的信任感,有了信任就会有更多的成交机会。这样,你以后不管是推广新品还是做清仓活动,这些社群就成了一个免费的流量渠道,而不必再去花钱做付费推广了。

因此,只要我们的私域流量池足够大,就可以摆脱对平台公域流量的依赖的,这也就让我们的营销推广成本大幅降低。

除了电商行业外,对于实体店来说道理也是相同的。商家可以通过微信扫码领优惠券等方式来添加顾客的微信。这样,商家可以在以后做活动或者上新时,通过微信朋友圈或者社群来主动联系顾客和展示产品,增加产品的曝光量,获得更多的免费流量。

对个人而言，可以通过社群轻松与企业交流，并通过有效的推荐机制，迅速找到好的产品及众多实用资讯。

对企业而言，私域流量下的社群可以节省大量的推广费用，好的产品会引发社群用户的自发分享行为，形成裂变传播效应。同时，企业可以通过运营私域流量，与用户深入接触，更加了解用户的需求，从而打造更懂用户的产品。

2. 提高投资回报率

公域流量有点像大海捞针，大部分流量其实是非常不精准的，因此整体的转化率非常低。而这种情况在私域流量平台是可以很好地规避掉的，私域流量通常都是关注你的潜在用户，不仅获客成本非常低，而且这些平台的转化率极高。

结果显而易见，既然用户都进入自己的店铺中，那么他们必然也会比大街上的人有更大的消费意愿，因此商家更容易与他们达成交易，所以私域流量的投资回报率自然也会更高。

同时，只要你的产品足够优质、服务足够到位，这些老顾客还会无偿成为你的推销员，他们也会乐于分享好的东西，以证明自己独到的眼光。这样，商家就可以通过私域流量来扩大用户规模，提升价值空间。

3. 避免流失老客户

除了拉新外，私域流量还能够有效避免已有的老客户流失，让老客户的黏性翻倍，快速提升老客户复购率。在私域流量时代，我们不能仅仅依靠产品买卖来与用户产生交集，如果你只做到了这一步，那么用户一旦发现品质更好、价格更低的产品，他们会毫不留情地抛弃你的产品。

因此，在产品之外，我们要与用户产生感情的羁绊，打造出强信任关系。要知道人都是感性的，光有硬件的支持是难以打动用户的。再者，用户更多注重的是精神层面的体验。

因此，我们要想打响自身品牌、推销产品，就应该在运营私域流量时融入真情实感,用情感来感化用户,重视情感因素在营销中的地位。最重要的是,了解用户的情感需求,引起其共鸣,并使得用户不断加深对企业和产品的喜爱之情。

在体验中融入真实情感是企业打造完美消费体验的不二之选,无论是从消费者的角度还是从企业的角度,都应该认识到情感对产品的重要性。用情感打动人心虽然不易,但只要用心去经营,得到的效果是深远而持久的。

也就是说,私域流量绝不是一次性的成交行为。用户在购买完产品后,可以给我们的产品点赞,也可以参加一些后期的活动,以加深彼此的关系。这种情况下,即使对手有更低的价格,用户也不会轻易抛弃你,因为你和他之间是有感情关系的。甚至,用户还会主动给你提一些有用的建议,以击败竞争对手。

4．塑造品牌价值

塑造品牌是指企业通过向用户传递品牌价值来得到用户的认可和肯定,以达到维持稳定销量、获得良好口碑的目的。通常来说,塑造品牌价值需要企业倾注很大的心血,因为打响品牌不是一件容易的事情,市场上生产产品的企业和商家千千万万,能被用户记住和青睐的却只有那么几家。

品牌具有忠诚度的属性,可以让用户产生更多的信任感。品牌可以通过打造私域流量池,获得更多与用户接触、交流的机会。同时,为品牌旗下的各种产品打造一个深入人心的形象,然后获得源源不断的用户,成功打造爆品。

7.2 通过微信导流

当运营者在抖音短视频平台上获得大量粉丝后,接下来就可以把这些粉丝导入微信,通过微信来引流。本节,笔者就为大家介绍3种主要的导流方法,帮助运营者沉淀抖音的流量,并将其引流至微信,以获取更精准的流量，实现粉丝效益的最大化。

7.2.1 账号简介展示微信号

抖音的账号简介通常要求简单明了，主要原则是"描述账号＋引导关注"，基本设置技巧如下。

（1）前半句描述账号特点或功能，后半句引导关注微信。

（2）账号简介可以用多行文字，但一定要在多行文字的视觉中心出现引导加微信的字眼。

（3）用户可以在简介中巧妙地推荐其他账号，但不建议直接引导加微信等。

在账号简介中展现微信号是目前最常用的导流方法，而且修改起来也非常方便、快捷。但需要注意的是，不要在其中直接标注"微信"一词，可以用拼音简写、同音字或其他相关符号来代替。图 7-3 所示为在账号简介展示微信号示例。

图 7-3

7.2.2 抖音号中展示微信号

抖音号与微信号一样，是其他人能够快速找到你的一串独有的字符，位于个人昵称的下方。"抖商"可以将自己的抖音号直接修改为微信号，如图 7-4 所示。但是，抖音号在 180 天内只能修改一次，一旦审核通过就不能再修改。所以，"抖商"修改前一定要想好，这个微信号是否是你最常用的那个。

图 7-4

下面介绍修改抖音号的操作方法。

Step 01 打开抖音短视频 App，在"推荐"界面中点击"我"按钮，进入"我"界面，点击"编辑资料"按钮。

Step 02 进入编辑资料界面，选择"抖音号"选项，如图 7-5 所示。

Step 03 进入"修改抖音号"界面，❶ 输入新的抖音号；❷ 点击右上方的"保存"按钮，如图 7-6 所示。在修改的时候需要注意，抖音号只能包含字母、数字、下画线和点，其他字符都不可以使用，且最多 16 个字符。

图 7-5　　　　　图 7-6

第 7 章 粉丝沉淀：创建你的私域流量池

7.2.3 背景图片中展示微信号

背景图片的展示面积比较大，容易被人看到，因此在背景图片中设置微信号的导流效果也非常明显，如图 7-7 所示。下面介绍抖音背景图片的设置方法。

Step 01 进入"我"界面，点击"编辑资料"按钮，进入相应界面，点击"更换背景"按钮，如图 7-8 所示。

Step 02 进入"所有照片"界面，选择需要设置为背景的图片，如图 7-9 所示。

图 7-7

图 7-8

图 7-9

Step 03 执行操作后,进入"裁剪"界面。在该界面中对图片进行裁剪,裁剪完成后,点击"确定"按钮,如图 7-10 所示。

Step 04 操作完成后,返回"我"界面。如果背景图片发生了变化,就说明背景图片更换成功了,如图 7-11 所示。

图 7-10   图 7-11

7.3 进行粉丝管理

将粉丝引流至微信后,运营者还需要进行粉丝管理,让他们成为你的朋友。这一节,笔者就来讲解粉丝管理的一些技巧,帮助运营者更好地培养出高黏性的铁粉。

7.3.1 让"路人"变成粉丝

粉丝管理的关键一步就是让"路人"(即普通用户)变成粉丝。下面,笔者就来介绍让"路人"变成粉丝的技巧。

通常来说，运营者可以通过发布短视频来引导关注。当然，如果只是单纯地请求用户关注，很可能难以获得效果。此时，运营者便需要给用户一个关注的理由。

例如，某运营者在发布引导关注的短视频时，便给了用户一个关注的理由——"想了解更多，关注我吧"，如图 7-12 所示。

图 7-12

另外，为了提高用户的关注意愿，运营者还可以适当地为用户提供一些关注福利，如可以通过关注领红包等，许多用户在看到关注可以获得红包之后，自然就会更愿意点击关注了。

7.3.2 让粉丝停留在直播间

对于运营者来说，让更多粉丝愿意停留在你的直播间，不仅可以提高直播间的热度，还可以获得更高的销量。那么，怎样让更多粉丝愿意停留在你的直播间呢？下面，笔者就来介绍一些技巧。

运营者若想要让粉丝停留在直播间，首先要将粉丝吸引进直播间。对此，运营者可以通过制作、传播预热视频来增加直播的曝光度。当然，在预热视频的制作与传播过程中，运营者需要通过内容策划增加直播对粉丝的吸引力，让粉丝在看到预热视频之后，更愿意去观看你的直播。

粉丝通过预热短视频进入直播间之后，可能会根据直播间的布置决定是否要停留。如果直播间比较杂乱，丝毫看不到专业性，粉丝可能会选择离开直播间。那么，要如何布置直播间呢？运营者需要在开播之前就做好直播间的布置，让直播间看起来更加符合直播的主题。

除直播间布置之外，粉丝还会关注主播的形象。因此，运营者需要注重主播形象的打造，让粉丝觉得主播是专业的。具体来说，主播的穿着打扮应该与账号定位和自身的人设是一致的。例如，销售旗袍的账号中，主播应该穿自己店里的旗袍出境，而不适合穿其他品牌的休闲装。

形象更多的是指主播的外在条件，而表达技巧则是主播内在专业性的体现。主播的表达不仅会影响粉丝的停留意愿，还会影响粉丝的购买需求。因此，主播的表达要有引导性，要能够吸引更多粉丝下单，购买购物车中的商品。

很多粉丝都希望能在直播间购买到价格更低的商品，对此，运营者可以通过发放福利吸引更多粉丝停留在直播间，甚至是引导粉丝完成购物。当然，运营者要想通过福利增强粉丝的停留意愿，还需要适当地强调福利的力度与领取条件，让粉丝舍不得离开你的直播间。

有时候直播间的人数比较多，又有很多粉丝喜欢通过评论来表达自己的意愿。因此，当部分粉丝进入直播间之后，可能会觉得评论内容很乱。对此，运营者可以通过弹幕控评来为粉丝提供一个良好的沟通氛围，让粉丝愿意持续停留在你的直播间。具体来说，运营者可以通过评论区预告直播内容、引导直播话题来进行直播控评。

7.3.3 让粉丝准时观看直播

直播是提高运营者与粉丝亲密度的重要手段，为了让更多粉丝变成朋友，运营者需要告知直播时间，并让更多粉丝准时观看你的直播。下面，笔者就来介绍几个告知粉丝直播时间、提醒粉丝准时观看直播

第 7 章 粉丝沉淀：创建你的私域流量池

的技巧。

首先，运营者可以设置抖音账号的名字，并在名称中写明直播时间，这样粉丝一看到账号的相关信息，就知道何时会直播了。图 7-13 所示为在抖音号的名称中写明直播时间的示例。

其次，运营者还可以在账号简介中列出直播时间，如图 7-14 所示。

图 7-13　　　　　　　　　图 7-14

最后，运营者还可以发布直播预告短视频，在短视频中说明直播时间，如图 7-15 所示。

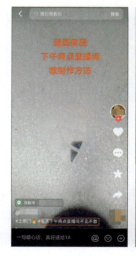

图 7-15

7.3.4　培养高黏性的粉丝

直播间观众大致可以分为 4 个层级，即路人、粉丝、粉丝团（成员）和超粉团（成员），每个层级的观众在直播间中的黏性不尽相同，具体如下。

（1）路人：在直播过程中，实时进入直播间观看直播的人群。

（2）粉丝：喜欢主播或直播间商品，并关注了主播的意向人群。

（3）粉丝团（成员）：喜欢主播并且愿意为主播付费的高意向客户群体。

（4）超粉团（成员）：粉丝团灯牌 10 级以上的高活跃度忠实客户群体。

通常来说，路人在直播间中的黏性最弱，超粉团（成员）在直播间中的黏性最强。而运营者需要做的就是培养高黏性的直播粉丝人群，让更多粉丝成为你的超粉团（成员）。那么，什么是高黏性的粉丝呢？笔者认为，高黏性的粉丝主要有 5 种表现，具体如下。

（1）开播第一时间进入直播间。

（2）直播间发言活跃度极高。

（3）时刻维护主播利益。

（4）直播间停留时间长。

（5）复购率极高。

那么，运营者要如何将普通粉丝培养成高黏性的粉丝呢？关键就在于培养粉丝的"三感"，即存在感、归属感和专属权益感，具体如下。

（1）存在感：主播在直播间高频次点名粉丝，增加粉丝的存在感。

（2）归属感：引导粉丝在直播间找到兴趣相投的朋友。

（3）专属权益感：给予粉丝在其他直播间享受不到的特权。

另外，为了增强粉丝的黏性，运营者也需要在直播过程中多举办一些活动。当然，在举办活动时，运营者也要把握好一些要点，如降低活动的参与门槛、增强活动的互动性、强调活动中粉丝团成员的特权等。

7.3.5 加入你的"粉丝团"

抖音直播中有一个"粉丝团"功能，运营者可以借助该功能，引导抖音号的粉丝加入"粉丝团"，成为你的直播间粉丝团成员。有的粉丝可能不知道如何加入直播间"粉丝团"，对此，运营者可以对加入直播间"粉丝团"的步骤进行说明。具体来说，运营者可以在直播间中展示以下加入直播间"粉丝团"的步骤。

Step 01 进入抖音直播间，点击界面上方的"关注"按钮，如图7-16所示。

Step 02 若"关注"按钮变成 图标，就说明订阅账号成功了，如图7-17所示。

图 7-16　　　　　　　　图 7-17

Step 03 ❶点击直播间上方的 图标；弹出对话框，❷点击"加入粉丝团（1抖币）"按钮，如图7-18所示。

Step 04 操作完成后，如果显示"加入成功"，就说明成功成为该账号的粉丝团成员了；如果抖币不足，则会弹出"当前抖币不足"对话框，如图 7-19 所示。

图 7-18

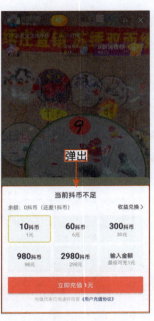
图 7-19

特别提醒　加入抖音直播间的"粉丝团"需要支付 1 抖币（抖音中的虚拟货币），如果粉丝账号中有足够的抖币，点击"加入粉丝团（1 抖币）"按钮之后，就可以直接加入抖音"粉丝团"；如果粉丝账号中的抖币不够，则需要先充值，才能加入直播间的"粉丝团"。

7.3.6　给予不同福利

　　为了获得粉丝的持续支持，运营者可以给予不同等级的粉丝不同福利，让粉丝获得继续支持你的动力。对此，运营者可以参考抖音的"粉丝团"功能，根据粉丝的等级开通新的直播礼物。图 7-20 所示为抖音直播的"粉丝团"板块，可以看到部分直播礼物上方就显示了需要达到的等级。

第 7 章　粉丝沉淀：创建你的私域流量池

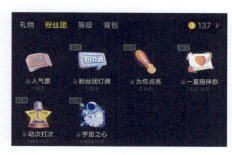

图 7-20

例如，运营者可以将粉丝分为 3 个等级，第一个等级是普通粉丝，该等级的粉丝没有特别的福利；第二个等级是高级粉丝，该等级的粉丝可以免费进入粉丝群；第三个等级是铁粉，该等级的粉丝可以免费获得干货内容或低价获得商品。

7.4　提高粉丝存留

粉丝存留会直接影响抖音直播的热度和带货效果，因此运营者很有必要寻找策略提高粉丝存留，让粉丝持续关注你的直播。这一节，笔者就为大家介绍提高粉丝存留的技巧。

7.4.1　增加内容的吸引力

人是一种视觉动物，如果运营者能增加内容的视觉吸引力，那么便可以将粉丝吸引过来，获得粉丝的持续关注。例如，某抖音直播间用较大的字号显示了"每满 150 立减 20"这个重点信息。也正是因为被该信息吸引，很多用户会主动进入直播间，观看直播内容，如图 7-21 所示。

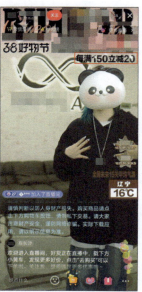

图 7-21

7.4.2 提供干货内容

粉丝在观看直播时，对内容会有一定的要求，如果直播内容对自己没有价值，粉丝可能不会停留。因此，运营者要在直播中多提供一些干货内容，让粉丝觉得持续观看直播是值得的。

图 7-22 所示为某抖音直播间的相关画面，该画面就是通过干货内容来吸引粉丝的持续关注。具体来说，该直播中为粉丝分享了鞋子的编织方法，让有兴趣的粉丝可以购买直播间中的材料，并自己动手编织鞋子。

图 7-22

Chapter 08

高效转化：
增强电商的变现效果

抖音是一个潜力巨大的市场，但它同时也是一个竞争激烈的市场。所以，要想在抖音中变现，轻松赚到钱，抖商还要掌握一定的营销、变现技巧，打造爆款产品，实现高效转化，增强电商的变现效果。

8.1 了解常见变现方法

抖音是一个流量巨大的平台,电商运营者也正因为看到了其中蕴含的商机,所以才会加入。那么,对于运营者来说,如何将自己吸引过来的流量进行变现呢?本节,笔者就为大家讲解一些常见的变现方法。

8.1.1 自营店铺直接卖货

抖音短视频 App 最初定位是一个方便用户分享美好生活的平台,而随着商品分享、商品橱窗等功能的开通,抖音短视频 App 开始成为一个带有电商属性的平台,并且其商业价值也一直被外界看好。

对于拥有淘宝等平台店铺和开设了抖音小店的抖音运营者来说,通过自营店铺直接卖货无疑是一种十分便利、有效的变现方式。抖音电商运营者只需在商品橱窗中添加自营店铺中的商品,或者在抖音短视频中分享商品链接,其他抖音用户便可以点击链接购买商品,如图 8-1 所示。而商品销售出去之后,运营者便可以直接获得收益。

图 8-1

8.1.2 帮人卖货赚取佣金

抖音短视频平台电商价值的快速提高，其中一个很重要的原因就是精选联盟的推出，抖音用户即便没有自己的店铺，也能通过帮他人卖货赚取佣金。也就是说，只要抖音账号开通了商品橱窗和商品分享功能，便可以通过引导销售获得收益。

当然，在添加商品时，运营者可以事先查看每单可获得的收益。如果想要提高每单可获得的收益，还可以点击"佣金"按钮，让商品按照每单可赚取的收益进行排列。

商品添加完成之后，运营者便可以通过其他用户点击商品橱窗中的商品，或短视频中的商品链接，购买商品，按照上面展示的佣金获得相应收益。佣金获取之后，只需进行提现操作，便可以拿到收益。

8.1.3 开设课程招收学员

对于部分自媒体和培训机构来说，可能自身是无法为消费者提供实体类的商品的。那么对他们来说，是不是抖音短视频平台的主要价值就是积累粉丝，进行自我宣传的一个渠道呢？

很显然，抖音短视频平台的价值远不止如此，只要自媒体和培训机构拥有足够的干货内容，同样是能够通过抖音短视频平台获取收益的。例如，可以在抖音短视频平台中通过开设课程招收学员的方式，借助课程费用赚取收益。

图 8-2 所示为某舞蹈类抖音账号的"本店团购"界面，可以看到其便列出了不同舞种的教学课程，而其他抖音用户只需点击"抢购"按钮，便可以花费对应的价格购买舞蹈教学课程。很显然，这便是直接通过开设课程招收学员的方式来实现变现的。

图 8-2

8.1.4 通过直播获取礼物

对于那些有直播技能的主播来说,最主要的变现方式就是通过直播来获利。粉丝在观看主播直播的过程中,可以在直播平台上充值购买各种虚拟的礼物,并在主播的引导或自愿情况下送给主播,而主播可以从中获得一定比例的提成以及其他收入。

这种变现方式要求人物 IP(intellectual property,直译为"知识产权")具备一定的语言和表演才能,而且要有一定的特点或人格魅力,能够将粉丝牢牢"锁在"你的直播间,最好还能够让他们主动为你花费钱财购买虚拟礼物。

直播在许多人看来就是在玩,毕竟大多数直播都只是一种娱乐。但是,不可否认的是,只要玩得好,就能赚了钱。因为主播可以通过直播获得粉丝的打赏，而打赏的这些礼物又可以直接兑换成钱。

当然，要通过粉丝送礼获取利益，首先需要主播拥有一定的人气。这就要求主播自身要拥有某些过人之处，只有这样，才能快速积累粉丝。

其次，在直播的过程中，还需要一些所谓的"水军"进行帮衬，如扎堆给主播送礼物等。这主要是因为很多时候，人都有从众心理。所以，如果有"水军"带头给主播送礼物，其他人也会跟着送，这就在直播间形成了一种氛围，让看直播的其他受众在各种压力之下也跟着送礼物。

8.1.5 多向经营实现增值

运营者要把个人 IP 做成品牌，当粉丝达到一定数量后可以向娱乐圈发展，如拍电影和电视剧、上综艺节目以及当歌手等，实现 IP 的增值，从而更好地进行变现。

如今，抖音平台上就有很多"网红"进入娱乐圈发展，而且人气还很高。除唱歌之外，他们还发行了许多单曲、专辑，更是被许多电视剧、综艺节目邀请，实现了 IP 的增值。

8.1.6 让粉丝流向其他平台

部分抖商可能同时经营多个线上平台，而且抖音还不是其最重要的平台。对于这部分抖商来说，通过一定的方法将抖音粉丝引导至特定的其他平台，让抖音粉丝在目标平台中发挥力量就显得非常关键。

一般来说，在抖音中可以通过两种方式将抖音用户引导至其他平台。一是通过链接引导；二是通过文字、语音等表达进行引导。

通过链接导粉比较常见的方式就是在视频或直播中插入其他平台的链接来销售商品。此时，抖音用户只需点击"查看详情"按钮，便可进入目标平台，如图 8-3 所示。而当抖音用户进入目标平台之后，运营者则可以通过一定的方法，如发放平台优惠券，将抖音用户变成目标平台的粉丝，让抖音用户在该平台上持续贡献购买力。

图 8-3

通过文字、语音等表达进行引导的常见方式就是在视频、直播等过程中，简单地对相关内容进行展示，然后通过文字、语音将对具体内容感兴趣的抖音用户引导至目标平台。

8.1.7　利用名气承接广告

当抖商的抖音号积累了大量粉丝，成了一个知名度比较高的 IP 之后，可能就会被邀请做广告代言。此时，抖商便可以以赚取广告费的方式进行 IP 变现。

抖音中通过广告代言进行变现的 IP 还是比较多的，它们共同的特点就是粉丝数量庞大、知名度高。

正是因为有如此多的粉丝，才能成功接到广告代言，且其中不乏一些知名品牌的代言，而广告代言收入也就可想而知了。

8.1.8　出版图书内容变现

图书出版主要是指运营者在某一领域或行业经过一段时间的经

营，拥有了一定的影响力或者有了一定经验之后，再将自己的经验进行总结，经出版社正式出版图书，然后通过抖音销售，以此获得收益的盈利模式。

如果采用销售图书这种方式去盈利，只要抖音短视频运营者本身有一定基础与实力，那么收益还是很乐观的。例如，某摄影类的抖音号积累了几十万的粉丝，成功塑造了一个 IP。又因为多年从事摄影工作，此账号运营者结合个人实践编写了一本关于摄影方面的图书。

该书出版之后短短几天，这个抖音号售出的数量便达到了几十册，由此不难看出其受欢迎程度。而这本书之所以如此受欢迎，除内容对读者有吸引力之外，与运营者自身的 IP 也是密不可分的，部分抖音用户就是冲着他的 IP 来买书的。

另外，当你的图书作品火爆后，还可以通过售卖版权来变现。小说等类别的图书版权可以用来拍电影、拍电视剧或者网络剧等，这种收入相当可观。当然，这种方式可能比较适合那些成熟的短视频团队，如果作品拥有了较大的影响力，便可进行版权盈利变现。

8.1.9 转让账号获得收入

在生活中，无论是线上还是线下，都是有转让费存在的。而这一概念随着时代的发展，逐渐有了账号转让的存在。同样地，账号转让也是需要接收者向转让者支付一定费用的。这样，最终使得账号转让成为获利变现的方式之一。

而对于抖音平台而言，由于抖音号更多的是基于优质内容发展起来的，因此抖音号转让变现通常比较适合发布了较多原创内容的账号。如今，互联网上关于账号转让的信息非常多，在这些信息中，有意向的账号接收者一定要慎重对待，不能轻信，且一定要到正规的网站上来操作，如海爪网、新媒兔平台等。

当然，在采取这种变现方式之前，运营者一定要考虑清楚。因为账号转让相当于将账号直接卖掉，一旦交易达成，运营者将失去该账号的所有权。如果不是专门做账号转让的运营者,或者不是急切需要进行变现,笔者不建议采用这种变现方式。

8.2 借助营销引爆销量

在当今社会,酒香也怕巷子深,如果不能掌握一定的营销方法,即便是再好的产品,可能也难以为人所知,也就更不用说变现赚钱了。

运营者要想将产品前景和"钱景"握在手中,借助营销引爆销量,还要掌握一些必要的营销方法。

8.2.1 活动营销

活动营销是指整合相关的资源来策划相关的活动,从而卖出产品,提升企业、店铺形象和品牌知名度的一种营销方式。通过营销活动的推出,能够提升客户的依赖度和忠诚度,更利于培养核心用户。

活动营销是各种商家最常采用的营销方式之一,常见的活动营销种类包括抽奖营销、签到营销、红包营销、打折营销和团购营销等。许多店铺通常会采取"秒杀""清仓""抢购"等方式,以相对优惠的价格吸引用户购买产品,增加平台的流量。

图 8-4 所示为某店铺中面膜的"聚划算"页面,其通过举办优惠活动进行产品销售,实际上便是典型的活动营销。

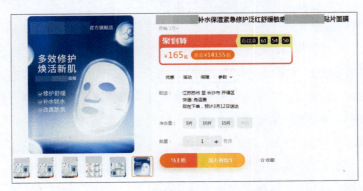

图 8-4

活动营销的重点往往不在于活动这个表现形式,而在于活动中的具体内容。也就是说,运营者在做活动营销时需要选取用户感兴趣的内容。否则,可能难以达到预期的效果。

对此,运营者需要将活动营销与用户营销结合起来,以活动为外衣,把用户需求作为内容进行填充。例如,当用户因商品价格较高不愿下单时,可以通过发放满减优惠券的方式,适度让利,以薄利获取多销。

8.2.2 饥饿营销

饥饿营销属于常见的一种营销策略,但要想采用饥饿营销的策略,首先还需要产品有一定的真实价值,并且品牌在大众心中有一定的影响力。否则,目标用户可能并不会买账。饥饿营销实际上就是通过降低产品供应量,造成供不应求的假象,从而形成品牌效应,快速销售产品。

饥饿营销如果运用得当,其产生的良好效果是很明显的,对店铺的长期发展十分有利。图8-5所示为某运动鞋的饥饿营销相关界面,其便是通过以极低的价格销售有限数量的方式,使有需求的消费用户陷入疯狂的抢购中。

图8-5

对于运营者来说,饥饿营销主要可以起到两个作用,具体如下。

(1)获取流量,制造短期热度。例如,运动鞋的此次秒杀活动中,受价格的影响,大量消费用户将涌入该产品的购买界面。

(2)提高认知度。随着此次秒杀活动的开展,许多用户一段时间内对品牌的印象加深,品牌的认知度获得提高。

8.2.3 事件营销

事件营销就是借助具有一定价值的新闻、事件,结合自身的产品特点进行宣传、推广,从而达到产品销售目的的一种营销手段。运用事件营销引爆产品的关键就在于结合热点和时事。

以"捧花头像"的热门话题为例,随着话题的出现,紧接着一大批网红也迅速加入话题讨论,使其成了网络一大热点。许多厂家和店铺看到该话题之后,推出了捧花手机壳,如图 8-6 所示。

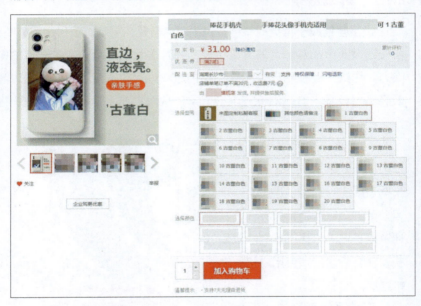

图 8-6

该捧花手机壳推出之后,借助"捧花头像"这个热点话题,再加上该话题在抖音等平台的疯狂宣传,该捧花手机壳的知名度大幅度提高,随之而来的是大量消费用户涌入店铺,产品成交量快速增加。

综上所述,事件营销对于打造爆品十分有利。但是,事件营销如果运用不当,也会产生一些不良的影响。因此,在事件营销中需要注意如下几个问题:事件营销要符合国家相关法规、事件要与产品有关联性、营销过程中要控制好风险等。

事件营销具有七大特性，分别为重要性、趣味性、接近性、针对性、主动性、保密性和可引导性。这些特性决定了事件营销可以帮助产品变得火爆，从而成功达到提高产品销量的效果。

8.2.4 口碑营销

在互联网时代，消费用户很容易受到口碑的影响，当某一事物受到主流市场推崇时，大多数人都会对其趋之若鹜。对于运营者来说，口碑营销主要是通过产品的口碑，进而利用好评带动流量，让更多消费用户出于信任购买产品。

常见的口碑营销方式主要包括经验性口碑营销、继发性口碑营销和意识性口碑营销。下面，笔者就来分别进行简要的解读。

1．经验性口碑营销

经验性口碑营销主要是从消费用户的使用经验入手，通过消费用户的评论让其他用户认可产品，从而产生营销效果。图8-7所示为某店铺中蓝牙耳机的评论页面。

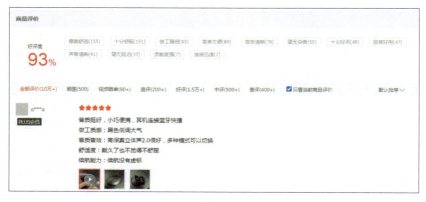

图 8-7

随着电商购物的发展，越来越多的人开始养成这样一个习惯，那就是在购买某件产品时一定要先查看他人对该物品的评价，以此对产品的口碑进行评估。而店铺中某件产品的总体评价较好时，产品便可凭借口碑获得不错的营销效果。

例如，在图8-7中，绝大多数用户都是直接给好评，该产品的好评度更是达到了93%。所以，当某一用户看到这些评价时，可能会认为该产品总体比较好，并在此印象下将其加入购物清单。而这样一来，产品便借由口碑将营销变为了"赢销"。

2. 继发性口碑营销

继发性口碑的来源较为直接，就是消费用户直接在抖音平台和电商平台上了解相关的信息，从而逐步形成的口碑效应，这种口碑往往来源于抖音平台和电商平台上的相关活动。

以京东为例，在该电商平台中，便通过"京东秒杀""百亿补贴""京东校园"等活动，给予消费用户一定的优惠，并在消费用户心中形成了口碑效应。

3. 意识性口碑营销

意识性口碑营销主要就是由名人效应延伸的产品口碑营销，往往由名人的名气决定营销效果，同时利用明星的粉丝群体来进一步提升产品的形象，打造品牌。

相比于其他推广方式，请明星代言的优势就在于，明星的粉丝很容易"爱屋及乌"，在选择产品时，会有意识地将自己偶像代言的品牌作为首选。有的粉丝为了扩大偶像的影响力，甚至还会将明星的代言内容进行宣传。

口碑营销实际上就是借助从众心理，通过消费用户的自主传播，吸引更多消费用户购买产品。在此过程中，非常关键的一点就是消费用户好评的打造。毕竟，当新用户受从众心理的影响进入店铺之后，要想让其消费，需先通过好评获得用户的信任。

8.2.5 借力营销

借力营销属于合作共赢的模式，主要是指借助外力或别人的优势

第 8 章 高效转化:增强电商的变现效果

资源来实现自身的目标或者达到相关的效果。例如,运营者在产品的推广过程中存在自身无法完成的工作,但是其他人可能擅长这一方面的工作,就可以通过合作达成目标。

在进行借力营销时,运营者可以借力 3 个方面的内容,具体如下。

(1)品牌借力:借助其他知名品牌,快速提升品牌和店铺的知名度和影响力。

(2)用户借力:借助其他平台中用户群体的力量,宣传店铺及其产品。

(3)渠道借力:借助其他企业擅长的渠道和领域,节省资源、打造共赢。

图 8-8 所示为舒肤佳借力爱奇艺 App 进行营销的相关画面。该品牌的相关人员将视频以广告的形式,把爱奇艺 App 的用户变为品牌和产品的宣传对象,从而增加品牌和产品的宣传力度和影响范围。

图 8-8

借力营销能获得怎样的效果,关键在于借力对象的影响力。所以,在采用借力营销策略时,运营者应尽可能地选择影响力大且包含大量目标用户的平台,而不能以广泛撒网的方式到处去借力。

173

这主要有两个方面的原因。首先，运营者的时间和精力是有限的，这种广泛借力的方式对于大多数运营者来说明显是不适用的。其次，盲目去借力，而不能将信息传递给目标消费用户，结果很可能是花了大量时间和精力，却无法取得预期的效果。

8.3 利用抖店后台做好营销

运营者可以通过抖音小店中的各种营销工具进行推广，吸引更多用户的关注，甚至吸引用户下单购物。这一节，笔者就为大家介绍抖音小店中常见营销工具的使用方法。

8.3.1 购买优惠

商品优惠券是指在购买商品时可以获得一些优惠的电子券。虽然有时候使用优惠券获得的优惠比较有限，但是只要有优惠券就能增加商品对用户的吸引力。因此，运营者可以通过给潜在用户发放优惠券来刺激消费。具体来说，运营者可以通过如下操作创建商品优惠券，让用户看到优惠信息。

Step 01 进入抖店后台，单击"首页"页面上方菜单栏中的"营销中心"按钮，如图 8-9 所示。

Step 02 执行操作后，在"抖店｜营销中心"页面中，❶单击"营销工具"选项卡中的"优惠券"按钮，进入对应页面；❷单击"商品优惠券"中的"立即新建"按钮，如图 8-10 所示。

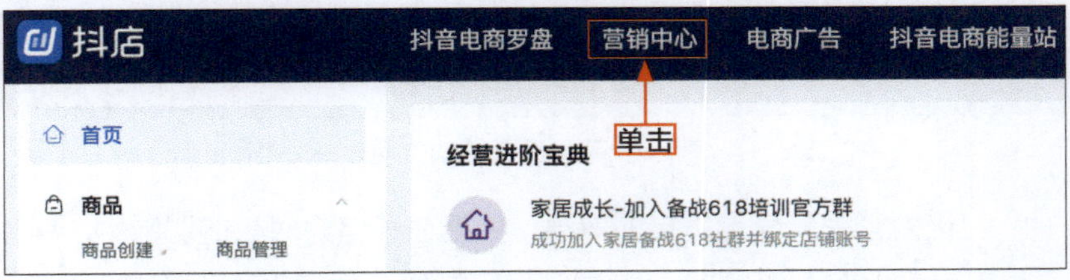

图 8-9

第 8 章 高效转化：增强电商的变现效果

图 8-10

Step 03 执行操作后，进入"新建商品优惠券"页面，如图 8-11 所示。运营者只需根据要求在该页面中填写相关信息，单击页面下方的"提交"按钮，即可完成商品优惠券的创建，并且相关商品的详情页面中还会显示优惠券的信息。

图 8-11

8.3.2 限时限量

限时限量购是指在规定时间内低价销售商品或低价为用户提供少量商品。因为此时商品是限时或限量销售的，所以为了低价购买到商品，用户会抓紧时间下单，这也就达到了促进销售的目的。具体来说，运营者可通过如下步骤创建限时限量购活动。

Step 01 进入抖店的营销中心后台，❶单击"营销工具"选项卡中的"限时限量购"按钮，进入对应页面；❷单击"立即创建"按钮，如图 8-12 所示。

图 8-12

Step 02 执行操作后，进入创建限时限量购信息设置页面的"设置基础规则"板块，如图 8-13 所示，根据系统提示在该板块中填写相关信息。

图 8-13

Step 03 执行操作后，滑动页面至"选择商品"板块，❶单击该板块中的"添加商品"按钮；在弹出的"选择商品"窗口中，❷选中对应商品前方的复选框；❸单击"选择"按钮，如图 8-14 所示。

Step 04 执行操作后，"选择商品"板块中会出现已添加商品的相关信息，单击"提交"按钮，如图 8-15 所示，即可完成限时限量购活动的创建。

第 8 章 高效转化：增强电商的变现效果

图 8-14

图 8-15

8.3.3 满减活动

满减活动是通过设置购买金额或数量进行促销的一种营销方法，当用户的单次购买金额或数量达到要求之后，便可以享受一定的优惠，因此参与满减活动的商品往往更能吸引用户下单购物。具体来说，运营者可以通过如下操作创建满减活动。

Step 01 进入抖店的营销中心后台，❶单击"营销工具"选项卡中的"满减"按钮，进入对应页面；❷单击"立即新建"按钮，如图 8-16 所示。

177

图 8-16

Step 02 执行操作后，进入"新建活动"页面。运营者可以在该页面中根据活动类型（包括满 N 元优惠和满 N 件优惠），对满减活动的相关信息进行设置。图 8-17 所示为"满 N 件优惠"板块的部分信息。

图 8-17

Step 03 运营者只需在对应板块中填写相关信息，并单击页面下方的"提交"按钮，即可完成满减活动的创建。

8.3.4 定时开售

定时开售就是将商品设置成固定时间开始出售，使用定时开售工

第 8 章 高效转化：增强电商的变现效果

具可以引起用户的好奇心，达到为商品造势的目的。具体来说，运营者可以通过如下步骤将商品设置为定时开售。

Step 01 进入抖店的营销中心后台，❶单击"营销工具"选项卡中的"定时开售"按钮，进入对应页面；❷单击"添加商品"按钮，如图 8-18 所示。

图 8-18

Step 02 执行操作后，会弹出"添加商品"窗口。运营者选中窗口中对应商品前方的复选框，并单击"提交"按钮，即可将商品设置为定时开售。

8.3.5 拼团活动

拼团活动就是多人一起购买便可以享受优惠的一种活动，通过拼团活动的设置，可以吸引大量潜在顾客同时下单，在短期内有效增加商品的销量。具体来说，运营者可以通过如下步骤设置拼团活动。

Step 01 进入抖店的营销中心后台，❶单击"营销工具"选项卡中的"拼团"按钮，进入对应页面；❷单击"立即创建"按钮，如图 8-19 所示。

图 8-19

Step 02 执行操作后，进入"创建活动"页面的"设置基础规则"板块，如图 8-20 所示。运营者需要根据页面提示填写相关信息。

图 8-20

Step 03 执行操作后，滑动页面至"选择商品"板块，❶单击该板块中的"添加商品"按钮；在弹出的"添加商品"窗口中，❷选中对应商品前方的复选框；❸单击下方的"选择"按钮，如图 8-21 所示。

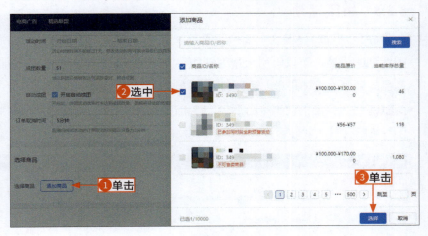

图 8-21

Step 04 执行操作后，返回"拼团"页面，选中"配置范围"后边的"SKU"（stock keeping unit，库存量单位）单选按钮，进入 SKU 选项卡，运营者可以在该选项卡中设置拼团商品的拼团价、活动库存和每人限购等信息，如图 8-22 所示。设置完成后，单击页面下方的"提交"按钮，

第 8 章 高效转化：增强电商的变现效果

即可创建拼团活动。

图 8-22

8.3.6 定金预售

定金预售是指买家只需预付一部分定金便可预订商品，并在约定时间内支付尾款即可完成交易。通过定金预售，运营者可以在商品正式开售之前就获得一批订单，给自己多一份保障。具体来说，运营者可以通过如下操作设置定金预售活动。

Step 01 进入抖店的营销中心后台，❶单击"营销工具"选项卡中的"定金预售"按钮，进入对应页面；❷单击"立即创建"按钮，如图 8-23 示。

图 8-23

Step 02 执行操作后，进入"创建活动"页面的"基础规则"板块，如图 8-24 所示。根据页面提示，填写该板块中的信息。

Step 03 执行操作后，滑动页面至"选择商品"板块，❶单击该板块中的"添加商品"按钮;在弹出的"选择商品"窗口中,❷选中对应商品前方的复选框;❸单击下方的"选择"按钮,如图 8-25 所示。

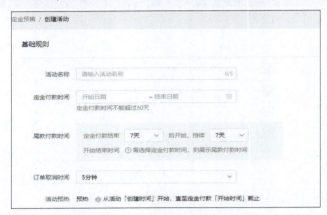

图 8-24

图 8-25

Step 04 执行操作后,返回"创建活动"页面,此时页面中会出现已选择商品的相关信息。运营者只需对该选项卡中的信息进行设置,并单击页面下方的"提交"按钮,即可完成定金预售活动的设置。

8.3.7 拍卖活动

拍卖活动即专门进行商品拍卖(出价高者得)的活动。如果运营

第 8 章 高效转化：增强电商的变现效果

者销售的是一些价值高的商品，或者是孤品，那么便可以通过拍卖活动进行商品销售，提高商品的成交价。具体来说，运营者可以通过如下操作步骤创建拍卖活动。

Step 01 进入抖店的营销中心后台，❶单击"营销工具"选项卡中的"拍卖"按钮，进入对应页面；❷单击"立即创建"按钮，如图 8-26 所示。

图 8-26

Step 02 执行操作后，进入"创建活动"页面的"基础规则"板块，如图 8-27 所示，根据提示在该板块中填写相关信息。

图 8-27

Step 03 执行操作后，滑动页面至"选择商品"板块，❶单击板块中的"添加商品"按钮，会弹出"抽屉标题"窗口；❷选中窗口中需要添加的商品前方的复选框；❸单击下方的"选择"按钮，如图8-28所示。

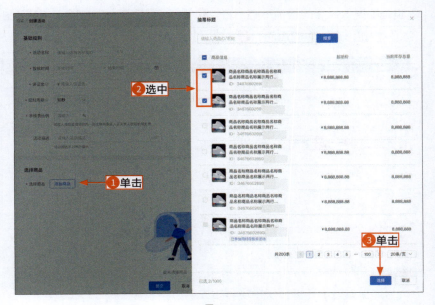

图 8-28

Step 04 执行操作后，即可将商品设置成拍卖商品。此时，运营者只需在抖音直播中添加这些商品，便可以将商品进行拍卖。

8.3.8 裂变营销

裂变营销是用来增加直播互动的一种新玩法，可以刺激用户分享直播间，为直播间带来更多流量。下面，笔者就来介绍裂变营销活动的创建方法。

Step 01 进入抖店的营销中心后台，❶单击"营销工具"选项卡中的"裂变营销"按钮，进入对应页面；❷单击"立即创建"按钮，如图8-29所示。

Step 02 执行操作后，进入"创建活动"页面的"设置基础规则"板块，如图8-30所示，根据系统提示填写该板块中的信息。

图 8-29

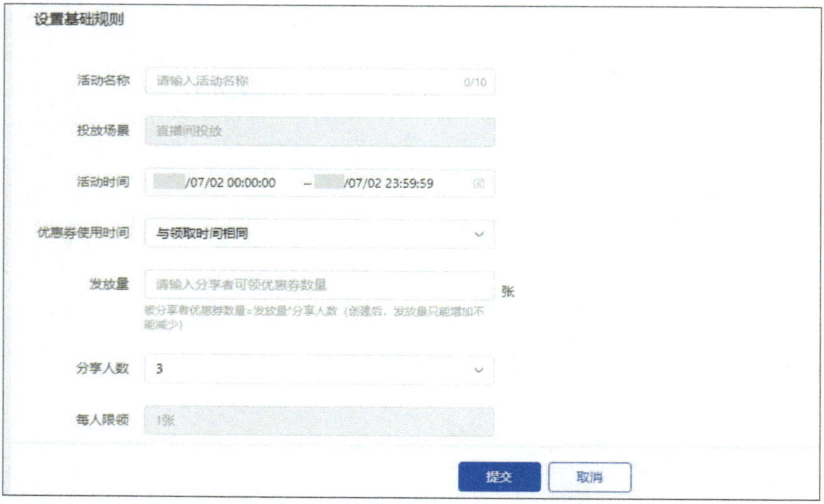

图 8-30

Step 03 执行操作后,滑动页面至"选择合作达人"板块,如图 8-31 所示,在该板块中设置授权作者和达人账号。

Step 04 执行操作后,滑动页面至"设置优惠信息"板块。在该板块中设置分享者优惠和被分享者优惠的相关信息,并单击页面下方的"提交"按钮,完成裂变营销的设置。

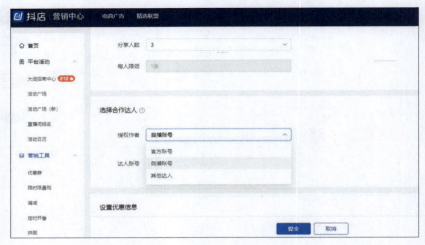

图 8-31

Chapter 09

第9章
蓝V运营：
获得更多门店
运营权益

　　不同群体运营抖音号的目的有所不同，而要想达成目的，首先要做的就是拥有一个能更好、更快达成目的的抖音号。对于企业来说，认证蓝V企业号可以获得更多方便变现的功能，解锁不同的新玩法。本章，笔者将讲解蓝V企业号的相关内容，帮助大家了解其运营技巧。

9.1　了解蓝 V 企业号

为什么企业要花时间和精力注册企业号，并进行蓝 V 认证呢？笔者认为，这主要是因为通过企业号的注册和蓝 V 的认证，企业可以在抖音上拥有官方认证的抖音号，并能借助这些抖音号打造自己的品牌，与用户建立更多的联系。本节，笔者就为大家讲解蓝 V 企业号的相关知识。

9.1.1　为什么要做蓝 V 企业号

如今，抖音平台的内容涉及吃、穿、住、行等，强势覆盖用户生活的方方面面。"抖音＋各大品牌"的跨界合作势必在短视频营销领域掀起浪潮。

抖音推出的"企业认证"功能无疑为平台的生态赋予了更强大的能量。具体来说，抖音"企业认证"是抖音针对企业诉求提供的"内容＋营销"平台，为企业提供免费的内容分发和商业营销服务。

现如今，抖音上存在的企业号很少有头像上不带"V"字样的了。而且，通过认证的企业号可以在彰显企业身份、获得权威信用背书的同时，打入上亿用户的心智，种下潜在"N 次传播"的种子，赢下短视频营销的未来。

为什么各大品牌主纷纷进行抖音运营？好玩、有趣、能看上瘾，"抖音范"的趣味广告已成为品牌主眼中的宠儿。下面，笔者将深入分析抖音企业号的四大核心价值，帮助各大企业抓住抖音的流量红利。

1．迎合时代的诉求

抖音之所以能火起来，除其本身产品的运营和推广做得不错以外，也恰好迎合了当今利用碎片化时间进行传播的特点。

经过近十年发展，社会化营销的基本套路早已被品牌和广告公司深刻领悟。但是，除创意是营销中的永恒难题之外，流量越来越贵、用户越来越难获取也成为营销难题。对于品牌而言，年轻化、社交化的用户营销平台的选择非常重要，抖音这两年来的表现无疑让人眼前一亮。

抖音是一个巨大的流量洼地，并且抖音用户目标的高度集中性使其有了制造爆款的能力。对于企业而言，介入其中就可能享受到平台发展期所带来的一系列红利。

2．品牌的高曝光率

抖音的用户增长速度很快且日活跃度非常高，平均每位用户的在线时长在 2 个小时以上，这样品牌就能获得更高的曝光率。

在做抖音营销时，最关键的是要提高品牌的曝光度。但是，除非是与抖音官方合作拍摄广告，或者认证了企业蓝 V，否则你自带的品牌广告很容易被平台限流和屏蔽。因此，企业在进行品牌植入时，一定要根据视频内容进行巧妙的曝光。

短视频的创作虽成本低、宣传效果好、转化率高，但是一切的前提都建立在优质的短视频内容上。可以说在短视频时代，内容才是王道。优质的内容离不开巧妙的创意、精准的用户画像以及明确的企业定位。企业在创作短视频时，一定要注意以下几个要点。

（1）趣味且实用，拒绝低俗的模仿。品牌创造内容需要有趣、有创意，带有自身识别度，能清晰展示自身品牌定位。这一点需要企业结合自身产品定位，创造优质个性内容。这也是在短视频平台上比较容易传播的内容，如用自身产品进行实物展示、开发新功能和创意植入等。

（2）巧妙结合热点，拒绝跟风无底线。热点话题、热门内容等可以提升流量，但是对于有别于一般用户的官方企业号来说，需要将热点与自身品牌特征相结合，不能盲目跟风。

3．强话题性和互动性

抖音目前已成功捧火了奶茶、火锅、城市旅游景点等众多领域内的品牌，具有很强的话题性和互动性。对于品牌而言，只要可以植入自身产品形象，营销本身的推广形式其实没有什么局限。而抖音作为继微信公众号、微博之后的一个新的企业营销展示平台，品牌自然也十分乐意去进行新渠道的尝试。

例如，唯品会曾在抖音上发起"挑战有意思"挑战赛，配合唯品会专属抖音贴纸和洗脑的"挑战有意思"BGM（background music，背景音乐），吸引了 142 703 人参与，获得了 157 675 条投稿、超 9.3 亿品牌总曝光量和 1386 万点赞数。

唯品会通过在关键广告位切入，第一时间抢占用户的注意力，最终"开屏黄金广告位"和原生信息流广告为挑战赛带来了超高的曝光量，成为两大引流利器，使挑战赛热度再次升级，成功为唯品会大促造势引流。

4．塑造品牌的形象

对于品牌主来说，抖音蓝 V 企业认证号就相当于企业在抖音的阵地，它能够帮助企业传递业务信息，与用户建立互动。

很多企业和品牌都看到了抖音的巨大流量及转化能力，包括支付宝、小米、宜家、必胜客等在内的知名企业也已经纷纷入驻了抖音平台，通过或搞笑或创意的视频内容来增强用户黏性和提高品牌曝光度。

例如，联想抖音账号每天至少会发布一条短视频，而且视频里有两位固定的出镜嘉宾，他们录制的短视频大部分都是轮流播放出来的。并且，视频内容主要是以趣味的方式来展现联想的各类产品，介绍产品的各种功能、特色等，能够勾起用户对产品的更多联想。

9.1.2 让营销更加落地

蓝 V 企业号可以帮助企业与用户建立互动，借助平台设计承接企业营销价值的多种功能，实现价值闭环。再加上抖音短视频平台具有信息密度高的特点，因此无论用户在抖音平台的历程长短如何，企业均可通过蓝 V 企业号实现价值落地，满足自身的营销诉求。具体来说，蓝 V 企业号的价值落地体现在如下 4 个方面。

1．品牌价值

通过蓝 V 认证的方式，可以保证品牌账号的唯一性、官方性和权威性。通过蓝 V 认证之后，企业可以将蓝 V 企业号作为固定的抖音阵地，发挥品牌的影响力，通过抖音的传播，获得更大的影响力。另外，认证通过的蓝 V 企业号的主页定制功能也能让宣传推广获得更好的效果，从而充分地发挥品牌的价值。

2．用户价值

对于企业来说，每一个蓝 V 账号的关注者都是目标用户。如果能够挖掘关注者的价值，便可充分发挥粉丝的影响力，实现用户对品牌的反哺。而蓝 V 账号可以通过粉丝互动管理、粉丝用户画像，让内容触达用户，从而为用户营销提供全链路的工具，更好地实现用户价值，如图 9-1 所示。

图 9-1

3. 内容价值

蓝V企业号拥有更丰富的内容互动形式、更强的内容扩展性,因此能够更好地符合用户的碎片化、场景化需求,让更多用户沉淀下来,并在与企业的互动过程中充分体现价值,为品牌目标的实现助力。具体来说,企业可以借助日常活动、节点营销和线下活动,更好地实现蓝V企业号的内容价值,如图9-2所示。

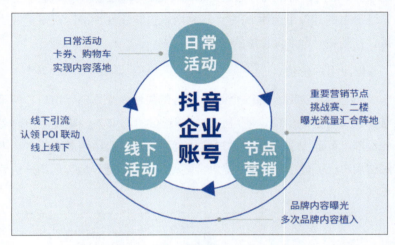

图 9-2

4. 转化价值

蓝V企业号可以通过多种途径实现从种草到转化的闭环,最大限度地发挥营销短路径的优势。利用蓝V企业号的视频入口、主页入口和互动入口,企业可以让抖音用户边看边买,实现企业的转化价值。

9.1.3 认证蓝V企业号

想要认证蓝V企业号,首先要找到企业号的认证入口。下面,笔者为大家介绍认证抖音蓝V企业号的具体操作步骤。

Step 01 打开浏览器,进入抖音官网并登录,在"推荐"页面中,❶将鼠标停放在"合作"按钮上,会显示出相关列表;❷选择"认证与合作"

选项，如图9-3所示。

图9-3

Step 02 操作完成后，进入"认证与合作"页面，在"身份认证"板块中有3个选项，如果想要进行企业认证，只需单击"企业认证"选项中的"立即认证"按钮，如图9-4所示。

图9-4

Step 03 操作完成后，进入"企业认证"页面，单击"限时免费蓝V"选项下的"立即认证"按钮，如图9-5所示，此时不需要审核服务费。

需要注意的是，认证蓝V企业号还需要完成3个达标条件，如图9-6所示。

图 9-5

图 9-6

在"企业认证"页面中，向下滑动鼠标，即可看到认证蓝 V 企业号的操作步骤，如图 9-7 所示。从图中可以看出，企业认证可以分为 4 个步骤。那么，这 4 个步骤中具体要做些什么呢？接下来，笔者就分别进行分析。

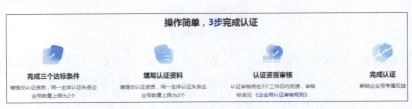

图 9-7

1. 完成3个达标条件

笔者已经在前文讲解了3个达标条件的具体内容,此处就不再赘述。但是,需要注意的是,只有通过了这3个条件,才能进入认证的下一步骤。

2. 填写认证资料

通过了3个达标条件后,即可进入填写认证资料页面,如图9-8所示。运营者需要在该页面中按照要求填写相关资料,资料填写完成后,单击页面下方的"提交资料"按钮即可。

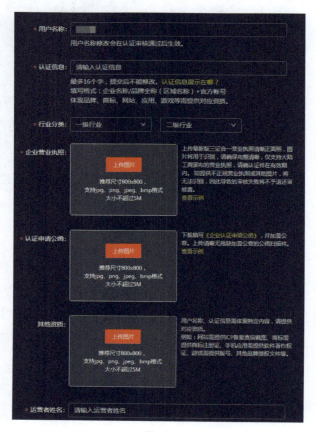

图9-8

图 9-8（续）

3. 认证资质审核

认证资料填写完成之后，相关认证人员会根据《企业号认证审核规则》（该规则在"企业认证"页面的企业认证步骤板块中提供了入口，运营者只需单击便可以查看。）对运营者提交的资料进行审核，审核人员会在 3 个工作日内通过填写资料时预留的手机号和邮箱反馈审核进度。

4. 完成认证

认证资质审核通过后，相关工作人员会在两个工作日内对账号开启蓝 V 认证。账号认证开启之后，运营者便拥有了一个蓝 V 企业号。

9.2 熟悉抖音蓝 V 的功能

蓝 V 企业号认证不仅要准备各种资料、经过各个认证步骤，还要支付审核费用。也就是说，蓝 V 企业号的认证需要花费更多的时间和金钱成本。那么，为什么还要进行蓝 V 企业号的认证呢？这主要是因为认证后的蓝 V 企业号拥有许多更为强大的功能，这些功能可以为企业营销创造更好的条件。

本节，笔者就为大家介绍抖音蓝 V 的相关权益，帮助大家熟悉蓝 V 企业号的相关功能。

9.2.1 蓝 V 标识

通过蓝 V 认证的企业号会在主页名字的下方显示图标。抖音用户看到该图标之后，就会明白这是通过了蓝 V 认证的企业号。图 9-9 所示为 OPPO 手机的抖音主页界面，可以看到其名字下方便显示了图标。

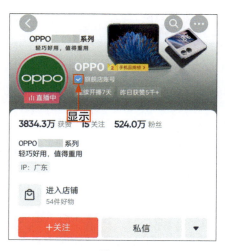

图 9-9

9.2.2 官方认证

通过蓝 V 认证的企业号会对认证信息进行展示，以"×××官方账号"或"×××公司"的形式让抖音用户明白这是通过认证的企业官方账号。图 9-10 所示为华为的抖音主页界面，可以看到其名字下方便显示为"华为技术有限公司"。

图 9-10

9.2.3 一站式认证

因为抖音、今日头条和西瓜短视频都是今日头条旗下的产品，所以今日头条将这 3 个平台进行了打通。运营者可以通过抖音蓝 V 企业号的认证，一站式完成另外两个平台的认证。

这不仅能够节省分别认证的时间，而且通过抖音号绑定今日头条，抖音号还可以共享今日头条的粉丝量。也就是说，如果你的今日头条拥有一定的粉丝量，那么即便是新注册的蓝 V 企业号，也会拥有和今日头条相同的粉丝量。这也是许多抖音号没有发太多作品，也拥有一定粉丝量的重要原因。

9.2.4 昵称搜索置顶

当用户搜索抖音号时,系统会将通过蓝 V 认证的企业号置顶。这可以让企业的目标客户更快地找到企业的账号,从而帮助企业抢占流量入口。

图 9-11 所示为在抖音"用户"中搜索"小米"的结果,可以看到排在搜索结果最前面的 4 个账号都是通过了蓝 V 认证的小米官方账号。

图 9-11

9.2.5 设置自己的链接

蓝 V 企业号拥有外链按钮设置权,抖音用户只需点击设置好的外链按钮,便可跳转至企业的官方网站、主页等。例如,点击华为抖音主页中的"官方网站"按钮,便可进入其官方网站,如图 9-12 所示。

图 9-12

9.2.6 电话呼出

蓝 V 企业号拥有电话呼出组件的功能，通过该组件的设置，可以在抖音主页界面直接留下联系方式，抖音用户只需点击对应的按钮，便可以联系企业相关人员。

图 9-13 所示为利用电话呼出组件设置联系方式示例。该公司的抖音主页中设置了"官方电话"按钮，抖音用户只需点击该按钮便会弹出呼叫对应号码的对话框，点击对应号码便可与企业相关人员取得联系。

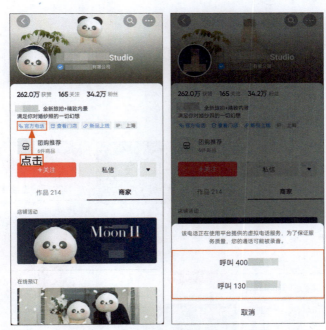

图 9-13

9.2.7 私信自定义回复

大多数企业并不会安排人员一直守着自己的抖音号，而借助私信自定义回复功能，则可以很好地解决这个问题。

第 9 章 蓝 V 运营：获得更多门店运营权益

蓝 V 企业号可以借助抖音支持的多种私信自定义样式，设置一连串的自动回复。例如，可以在自动回复中展示企业的联系方式、服务范围等内容，这样，如果抖音用户有合作需求，便可以通过你的自动回复找到合作的渠道。这不仅可以避免错过客户，还能从很大程度上节省一一回复的时间。

9.2.8 认领 POI 地址

蓝 V 企业号可以通过 POI（point of interest，兴趣点）地址认领进行信息曝光以及流量转化，将线上的抖音用户引至线下的实体店。

图 9-14 所示为通过 POI 地址认领展示店铺详情信息的视频示例，可以看到在抖音号名字的上方出现了带有 的链接，用户只需点击该链接，便可进入店铺详情信息界面。

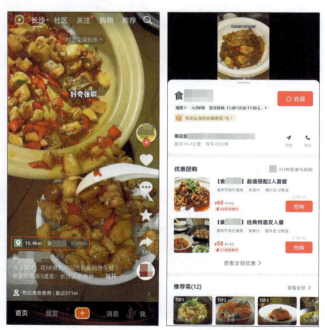

图 9-14

该功能对于拥有实体店的蓝 V 企业来说可谓至关重要。抖音用户不仅可以借助 POI 地址认领功能,查看店铺的相关情况,还能联系店铺的相关人员,并借助导航软件,直接去店铺消费。

9.2.9 单独商品页

一般抖音号的主页只有"作品""动态""喜欢"3 个板块的内容,而蓝 V 企业号则多了一个"商品"板块,企业可以利用该板块对旗下商品的相关信息进行展示。而且,有一些企业为了让自己的抖音主页界面更加简洁,只会留下"作品"和"商品"两个板块。图 9-15 所示为某蓝 V 企业号的抖音主页界面。

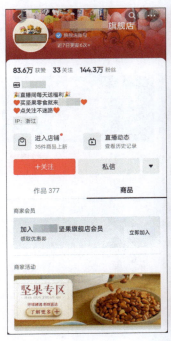

图 9-15

9.3 常见行业的蓝 V 账号运营技巧

随着抖音短视频平台的高速发展,越来越多的企业都加入其中,而且涉及各行各业。本节，笔者就以一些常见行业的蓝 V 企业号为例，帮助大家了解其运营技巧。

9.3.1 汽车行业

在抖音搜索界面的下面有许多的排行榜，包括"抖音热榜""同城榜""直播榜""音乐榜""品牌榜""电影榜"。其中，进入完整的品牌榜单中，即可查看不同行业的品牌热 DOU 榜。

品牌热 DOU 榜是用来查看品牌在抖音上综合声量的榜单，它的品牌指数主要由内容分数、传播分数和搜索分数 3 部分组成。该榜单统计的是一周的品牌热度数值及环比涨跌幅情况，因此每一周的榜单排名可能都不一样。

图 9-16 所示为汽车行业蓝 V 企业号的品牌热 DOU 榜 TOP7，热度统计时间为 2023 年 2 月 26 日至 2023 年 3 月 4 日。

图 9-16

下面，笔者就以品牌热 DOU 榜 TOP7 中排名第 3 的吉利汽车为例进行说明。吉利是一个国产汽车品牌，它的品牌使命最开始是"造老百姓买得起的好车"，然后是"造最安全、最环保、最节能的好车"，现阶段是"造每个人的精品车"，虽然经历了不同的发展阶段，但始终以用户为中心，从用户的角度去造车。这也是吉利汽车在目前非常受欢迎的原因。

目前，大多数火爆的产品、事物都需要进行营销推广，吉利汽车也不例外。除品牌本身的质量过硬之外，吉利汽车也借助抖音蓝 V 企业号进行了营销。例如，吉利汽车开展了许多的话题和挑战赛，而且播放量也很高。

图 9-17 所示为吉利汽车开展的话题挑战，可以看到此话题已经有 2.7 亿次的播放量，而且没有到截止时间。如此大的播放量充分说明了吉利汽车是非常受欢迎的。

图 9-17

9.3.2 美妆行业

根据 2023 年 2 月 26 日至 2023 年 3 月 4 日时间段内美妆蓝 V 企业号的热度情况，抖音品牌热 DOU 榜选出了美妆行业的热度 TOP7，具体榜单情况如图 9-18 所示。

下面，笔者就以"花西子"为例进行说明。花西子是一个非常年轻的国产品牌，从创立时间算起总共才 6 年多的时间，但是已经在彩妆界有了一定的知名度，而且在抖音平台的粉丝量超过了 1000 万，其抖音主页界面如图 9-19 所示。可见，花西子是有其自身独特魅力的。

第 9 章 蓝 V 运营：获得更多门店运营权益

图 9-18

图 9-19

随着消费方式的变化，企业越来越重视品牌内涵的塑造，而花西子正是内容塑造的代表品牌之一。花西子以"东方彩妆，以花养妆"为理念，着重打造东方彩妆，弘扬东方之美。

花西子的品牌之花是并蒂莲。并蒂莲属莲花科，一茎生两花，即一个根茎上开出两朵花。因此，花西子借助此含义，推出了"双生"的品牌概念，讲述了古今适用的品牌风格，并拍摄了相关的宣传图片，如图 9-20 所示。

图 9-20

花西子的品牌宣传与其品牌理念相一致，给用户留下了深刻的印象。而且，在美妆行业中，大多数官网都以简洁、明了为主。花西子

205

则用传统的东方美作为背景，色调也以深青色为主，兼顾雅致与时尚，极大地提升了辨识度。

除品牌概念之外，花西子还借助抖音蓝 V 企业号进行了营销，如花西子在新年期间发布了"新年稳赢红运全开"这一话题，如图 9-21 所示，获得了 2300 多万的播放量，提高了品牌的活跃度以及抖音用户的参与度。

图 9-21

9.3.3 食品饮料

根据 2023 年 2 月 26 日至 2023 年 3 月 4 日时间段内食品饮料蓝 V 企业号的热度情况，抖音品牌热 DOU 榜选出了食品饮料行业的热度 TOP7，具体榜单情况如图 9-22 所示。

下面，笔者就以排行榜第 1 的"伊利"为例进行说明。伊利作为国内乳制品的龙头企业，知名度极高，其抖音主页界面如图 9-23 所示。

图 9-22

图 9-23

伊利在抖音中开展了许多活动，不仅提高了品牌的知名度，还提高了其蓝 V 企业号的活跃度。图 9-24 所示为伊利开展的"伊利"话题，该话题吸引了 11.5 亿次的播放量。

众所周知，伊利企业旗下除母品牌之外，还有许多有名的子品牌，如安慕希、金典、优酸乳、QQ 星、欣活、每益添等，这是伊利为拥有不同需求的用户推出的不同产品品牌。为了让更多用户了解这些子品牌，伊利在抖音上开展了许多的话题活动。

图 9-25 所示为"伊利欣活"话题活动，该活动获得了 10.8 亿次的播放量，以"孝敬长辈新方式，养生好礼带回家"这一口号向抖音用户传达了其品牌目标人群。同时，伊利的蓝 V 企业号在此期间也保持了比较高的活跃度。

图 9-24

图 9-25

Chapter 10

第10章
门店推广：
快速提高门店的曝光量

线下与线上共同引流，不仅能够提高产品的曝光量，还能增加变现的机会。因此，做好线下店铺就显得尤为重要。

本章，笔者就为大家讲解进行门店推广的技巧，帮助运营者快速提高门店的曝光量。

10.1 做好店铺推广

作为抖音电商的运营者,做好门店的推广更有利于宣传产品。本节,笔者就为大家介绍做好店铺推广的几个技巧,帮助大家提高产品销量。

10.1.1 做好店铺信息展示

店铺信息展示主要是指向抖音用户展示线下门店的相关信息,如门店名字、位置、联系电话、店内商品等。

运营者可以从两方面做好店铺的信息展示:一是在抖音账号的主页中展示;二是在短视频中展示。做好了店铺相关信息的展示,不仅可以让更多人看到你的门店,还能够吸引他们去线下门店进行消费。通过这种线上、线下共同引流的方法,可以提高门店曝光量,引爆店铺产品。

下面,笔者主要讲述展示店铺信息的两种方法。

1. 在抖音账号主页展示

在抖音账号主页界面中,运营者可以通过个人简介中的链接(按钮)来展示店铺信息。图 10-1 所示为在账号主页展示门店信息的示例。在该账号主页中有 4 个按钮,分别为"营业时间""查看地址""联系电话""线下门店",都是该抖音账号线下门店的相关信息。

例如,点击"查看地址"按钮,即可进入地图界面,如图 10-2 所示。在此界面中,用户可以看到自己与门店的距离,以及不同的出行方式等内容。

再如,点击该抖音账号主页中的"线下门店"按钮,如图 10-3 所示,即可进入"线下门店"界面,如图 10-4 所示。在此界面中,用户可以看到该账号的所有线下门店信息。选择其中一个门店选项,即可进入该门店的详情信息展示界面,如图 10-5 所示。

图 10-1　　　　　　　图 10-2

图 10-3　　　　　　　图 10-4

第 10 章　门店推广：快速提高门店的曝光量

2．在短视频中展示

除了在抖音账号主页界面中展示门店信息，运营者还可以通过账号发布线下门店的短视频，重点拍摄门店里的产品、装修环境等，向抖音用户传递该门店的具体位置、门店内的环境等信息。

图 10-6 所示为在短视频中展示门店信息的示例。可以看到，在该视频开头就为抖音用户介绍了门店的具体位置、装修环境等内容。

图 10-5

图 10-6

10.1.2 用好 POI 认证功能

POI 是一个能够定位导航的信息点,及时的 POI 信息点能够告知用户周围的环境信息和详尽的路径规划。

在抖音短视频中,运营者可以充分利用 POI 认证功能来宣传线下店铺,通过抖音账号发布短视频,然后在该短视频中挂上店铺的信息。短视频成功认证了 POI 功能后,抖音用户在短视频的播放界面中就可以看到详细的位置信息。

图 10-7 所示为利用 POI 认证功能的短视频示例。点击该短视频播放界面中的图标,即可进入相应的界面,在界面中可查看该门店的相关信息,包括地址、优惠团购、推荐菜和用户评价等。

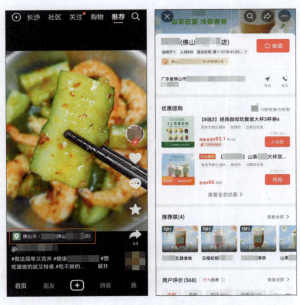

图 10-7

10.1.3 自主进行门店推广

运营者可以自主进行门店推广,如自己发布店铺的短视频、开直

第10章 门店推广：快速提高门店的曝光量

播等，以提高门店的曝光量，增加商品的转化率。

运营者在发布关于线下门店的短视频时需要注意以下几个方面。

（1）内容上：对门店、产品进行详尽的介绍，最好突出其优点及优惠活动。

（2）画面上：画面尽量不要抖，画质要清晰，能够给人精致的感觉。

（3）配乐上：在对视频里的内容进行介绍时，可以采用文字进行标注，这时候就需要配上一个合适的背景音乐，不要让视频太过单调。如果是用语音去介绍，就可以不用背景音乐。

图10-8所示为运营者自行发布门店推广的短视频示例。在该短视频中，不仅介绍了门店的相关消息，还拍摄了产品及其环境，且画面清晰、精美，能够让用户产生探店的冲动。

图10-8

运营者也可以通过开直播来宣传门店，如在宣传产品的时候，把线下门店作为直播间，并将线下门店的信息发布在评论区，让所有观看直播的抖音用户都能看到这条消息。图 10-9 所示为通过开直播来进行门店推广的示例。

图 10-9

10.1.4 保持内容发布频率

抖音账号发布短视频时最好保持一个固定的发布频率，这样能够让关注你的用户时常进入账号主页，选取视频观看。

运营者不能在同一天内发布十几条短视频，然后又间隔很久不发布，这样是很难固粉的。大多数抖音用户都是因为账号自身的内容吸引到了他们，所以在关注了该账号之后，就会经常去主页查看有没有新的视频发布。

如果运营者间隔很久不发布新内容的话，抖音大数据就会给用户推荐其他同类型的抖音账号。这时，抖音用户就会去关注其他账号，更有可能会取消对你的账号的关注，原因就是你没有及时发布新的内容。

视频的发布频率最好控制在每天 1 条,这样既不会分散数据,也不会让用户失去新鲜感,非常适合每天都会刷抖音的用户。

10.1.5 邀请达人进行探店

除了从自身出发,运营者还可以借助外力为店铺进行营销、推广,如主动邀请达人探店。因为达人都是有一些知名度的,邀请其进行探店,能够让那些对门店产品感兴趣的抖音用户关注门店。

图 10-10 所示为邀请达人探店的短视频示例。在该短视频中,达人在开头讲明了自己是来打卡的,然后拍摄店铺里面的产品,并在短视频中使用了 POI 地址功能,能让对该产品感兴趣的抖音用户快速搜索到该店铺的具体位置。

图 10-10

10.2 提高门店曝光量

运营者对门店进行推广、营销时还有一个基础的要点,那就是要做好线下门店的服务工作,这样能更好地加深用户对门店的印象,从而有效地吸引回头客,并以此来提高门店的曝光量。本节,笔者就为大家介绍提高门店曝光量的几个技巧。

10.2.1 选出门店热门商品

要想提高门店曝光量,就需要提高店铺中商品的质量,或者说是增加热门商品。有许多抖音用户会因为是抖音上的热门商品而选择去线下店铺消费。

因此,运营者在刚开始运营店铺的时候,可以制作一些调查表,让用户自己选出推荐的商品。然后,根据这些推荐对商品进行排名。下面,笔者以美食类账号为例,为大家详细讲解。

运营美食类门店时,可以根据消费用户的喜好与推荐,将门店中的菜品进行排名,然后将排名上传到抖音账号上去。用户消费了之后,发布线下门店的相关短视频,同时添加 POI 认证功能,就可以让更多人看到该线下门店的推荐菜品。

抖音用户在刷短视频时,如果刚好刷到了这些视频,就可以通过点击 图标,进入店铺的详情信息界面,在此界面中可以看到推荐菜品,如图 10-11 所示。

从图 10-11 中,我们可以看到排行榜前 3 名的菜品。此时,点击"查看全部"按钮,即可进入推荐菜品的排行界面,如图 10-12 所示。在此界面中,抖音用户只需点击菜品右侧的 按钮,就可以对这些菜品进行推荐,被推荐过的菜品右侧的按钮会变成 ,如图 10-13 所示。

第 10 章　门店推广：快速提高门店的曝光量

图 10-11

图 10-12

图 10-13

217

如果消费完的用户有另外想要推荐的菜品,也可以自行填写。例如,在进入商家的推荐菜品排行界面后,点击下方的"新增推荐菜"按钮,即可进入"新增推荐菜"界面,如图 10-14 所示。在此界面中,抖音用户可以进行菜品的填写。

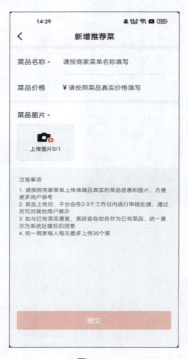

图 10-14

> **特别提醒** 在填写推荐菜品时,运营者可以进行相关的设置,如只有在线下店铺进行了相关的消费后才能进行填写等,这样可以避免菜品被恶意推荐。

10.2.2 发布内容推广商品

运营者可以对单个商品进行拍摄,剪辑好视频后上传至抖音号,通过对商品进行细节拍摄、功能介绍等,让抖音用户对其产生兴趣。

图 10-15 所示为通过发布内容来推广商品的短视频示例。该账号

第 10 章　门店推广：快速提高门店的曝光量

是一个美食类的账号，因为自家店铺出售外婆菜，所以该运营者就拍摄了一个有关外婆菜的短视频，并将此商品挂在了视频中，抖音用户只需点击图标，就可弹出商品详情对话框，用户可以在此进行购买。

图 10-15

10.2.3　推出优惠团购套餐

　　提高门店曝光量的目的主要是增加用户去门店进行消费的机会。那么，应该如何提高用户的消费次数呢？运营者可以推出一些优惠活动，如团购套餐等。

　　如果用户之前去线下门店消费过，并且对菜品的味道还挺满意的话，此时看到优惠的团购价格，就会产生再次去消费的冲动，而且可能会叫上自己的亲朋好友。

　　接下来，笔者为大家介绍如何从抖音短视频播放界面中购买团购套餐，具体操作步骤如下。

Step 01 进入相关的短视频播放界面,点击界面中的 📍 图标,如图10-16所示。

Step 02 弹出对话框,在"优惠团购"板块下有很多的团购套餐,选择其中一个合适的套餐,点击其右侧的"抢购"按钮,如图10-17所示。

图 10-16

图 10-17

Step 03 执行操作后,弹出该套餐的详情对话框,在此可以查看菜品和使用详情等信息,点击"立即购买"按钮,如图10-18所示。

Step 04 进入"确认订单"界面,点击"提交订单"按钮,如图10-19所示,即可完成该团购套餐的购买。

图 10-18

图 10-19

在购买团购套餐时,一定要提前查看套餐的购买须知,因为里面有很多的规则,如需要提前预约、有效期等,而且不同的店铺规则也可能不同。所以,提前了解团购套餐的购买须知也是非常重要的。

图 10-20 所示为两家不同店铺团购优惠套餐的购买须知,可以看出有很多不同的规定。

特别提醒

图 10-20

10.2.4 服务好潜在客户

一家店铺想要长久经营下去,最不能缺少的就是客户。而且,客户不单单指老顾客,还有新客户的开发。但是,让新客户进行消费是需要过程的,首先就是要服务好潜在客户。

潜在客户是指那些在某些时机下,对店铺内的商品有需求且有购买能力的用户,运营者有机会将其变成新客户。那么,如何服务好潜在客户呢?下面,笔者为大家进行介绍。

1．解答疑问

为潜在客户解答疑问，能让其对你的印象加分，从而对店铺的形象加分。此时，就算客户当时没有时间进入你的店铺消费，他也会对该店铺留下印象。为客户解答疑问时，要注意 3 个方面的内容，具体如图 10-21 所示。

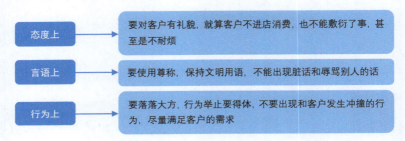

图 10-21

除了线下店铺需要做好服务，运营者还需要在线上服务好潜在客户。例如，在短视频播放界面中挂上商品的购物链接，抖音用户如果想要购买，但又对该商品有一些疑问的话，就会进入商品详情页界面，询问客服人员。接下来，笔者为大家讲解详细的操作步骤。

Step 01 进入短视频播放界面，点击 🛒 图标，如图 10-22 所示。

Step 02 执行操作后，会弹出商品详情对话框，点击该商品的标题，如图 10-23 所示。

图 10-22　　　　图 10-23

第10章 门店推广：快速提高门店的曝光量

Step 03 执行操作后，进入商品详情页界面，点击下方的"客服"按钮，如图10-24所示。

Step 04 执行操作后，弹出与店铺的对话框，如图10-25所示。

图10-24　　　　　图10-25

Step 05 在此对话框中，抖音用户可以询问与该商品相关的问题，如图10-26所示。如果店铺的回复没有解决问题的话，还可以点击"转人工"按钮，进入人工客服服务。

图10-26

2. 堂食服务

堂食是一种吃饭的形式，指只能在店内消费，不能外卖或打包。所以，堂食服务的前提是一定要有线下店铺。有线下店铺，因此要更加注重服务性。

线下店铺会有很多自发的消费人群，就是指到了饭点，又刚好看到了该店铺，就进去消费的用户，这也是线下店铺的优势所在。所以，服务好这些消费用户就显得尤为重要，因为好的服务态度会让消费用户对该店铺留下好的印象。

抖音账号运营者也可以通过在抖音上发布短视频，吸引抖音用户到线下店铺进行消费。例如，运营者可以发布介绍堂食店相关服务的短视频，让抖音用户产生想去线下体验的冲动，如图 10-27 所示。

图 10-27

10.2.5　引导用户给出好评

在消费前，相信绝大多数的用户都会先去看评价，然后决定是否

第 10 章 门店推广：快速提高门店的曝光量

下单。在抖音上面也需要借助好评来为线下店铺宣传。抖音用户在被短视频吸引之后，就会通过 POI 认证功能查看店铺情况，在这里就能看到用户的评价。

接下来，笔者为大家介绍通过短视频查看评价的详细步骤。

Step 01 进入并登录抖音短视频 App，在"推荐"界面中点击 图标，如图 10-28 所示。

Step 02 执行操作后，弹出商品详情对话框，在该对话框中可以看到"用户评价"板块，点击"查看全部"按钮，如图 10-29 所示。

图 10-28

图 10-29

Step 03 执行操作后，进入相应界面，系统默认停留在"全部"选项卡上，在此可以查看所有的用户评价。一部分用户首先会查看中差评，因为这种评价会更真实，切换至"中差评"选项卡，如图 10-30 所示。

Step 04 执行操作后，即可查看该店铺的中差评，如图 10-31 所示。

 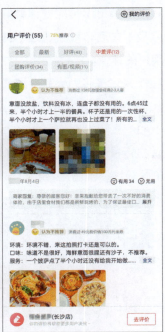

图 10-30　　　　　　　　图 10-31

除查看店铺的中差评之外，用户还可以查看好评、团购评价等内容。而且，评价页面中还有一个"有图/视频"板块，其中都是发布了图片或者视频的评价，用户可以看到更加真实的菜品实物图。

而且，团购评价也很重要，因为大部分从抖音上看到该店铺的用户都会首先查看团购套餐。

很多人会因为菜品样式进入店铺，但也有很多人会因为差评而被劝退。所以，运营者可以从用户评价出发，增加用户去线下店铺消费的机会，然后引导用户给出好评。如此良性循环，能够增加店铺的知名度，提高曝光量。接下来，笔者为大家介绍如何引导用户给出好评。

1. 送小礼物

用户进入门店消费时，在上菜的时候可以送一些小礼物，如饮料、水果、凉菜等，然后跟用户说是免费赠送的。等用户用完餐以后，可以询问其是否可以帮忙给个好评。这时候，用户会因为之前送的小礼物而不好意思拒绝，如图 10-32 所示。

图 10-32

2．优惠活动

为了引导用户给出好评，可以在用户来门店消费时给予一定的优惠，如给好评的话可以打折等。不过，这种方法不适合经常使用，因为从抖音上被吸引过来的用户一般都会提前下单团购套餐，此时再对菜品进行折扣优惠的话，可能纯利润就不高了。

Chapter 11

第章

抖音盒子：
电商推广的绝佳平台

对于通过带货获得佣金收益的运营者来说，抖音盒子是推广商品、提升自身收益的一个绝佳平台。运营者可以通过在该平台上发布内容来增加带货商品的曝光率和销量，从而有效地提高佣金收益。

11.1 快速了解抖音盒子

对运营者来说，了解并运用好抖音盒子是很有必要的，因为运营者可以通过在抖音盒子 App 上发布带货内容来增加商品的曝光量，从而提高自身的收益。这一节，笔者就为大家讲解抖音盒子的一些基础知识，让大家从零开始快速了解抖音盒子。

11.1.1 什么是抖音盒子

抖音盒子是由字节跳动公司推出的一款独立电商 App，其 slogan（口号）为"开启潮流生活"，背靠抖音的强大流量，有望成为下一个短视频＋直播带货风口。

抖音的电商布局之路由来已久，从 2018 年 8 月上线的抖音小店（购物车），到 2021 年年底推出的抖音盒子，抖音的"电商梦"已经沉淀了 3 年多的时间，如今终于开始步入正轨。抖音盒子的出现表明了抖音已经开启了一条全新的商业化道路，用来抗衡传统电商。

抖音盒子的定位是"潮流时尚电商平台"，在其应用描述中，软件介绍内容为："围绕风格、时尚、购物，从街头文化到高端时装，从穿搭技巧到彩妆护肤，和千万潮流玩家一起，捕捉全球流行趋势，开启潮流生活。"

从抖音盒子的应用介绍中可以看出，"潮流""风格""时尚"等字眼被不断提及，可见其重点用户人群在于一、二线城市中的年轻群体，这一点与抖音当初的产品定位如出一辙。

11.1.2 使用抖音号进行登录

运营者只需登录抖音盒子 App，便可以直接完成抖音盒子平台的入驻。而且，如果运营者的抖音号开通了电商功能，还可以使用抖音号入驻抖音盒子平台，并在该平台上发布带货内容。具体来说，运营者可以通过如下操作登录抖音盒子 App。

Step 01 打开抖音盒子 App，进入"推荐"界面，点击界面中的"我的"按钮，如图 11-1 所示。

Step 02 执行操作后，进入"欢迎登录"界面，❶选中"已阅读并同意'用户协议'和'隐私政策'"前方的复选框；❷点击"使用上述抖音账号一键登录"按钮，如图 11-2 所示，用默认抖音号登录抖音盒子 App。

Step 03 执行操作后，即可使用默认抖音号登录抖音盒子 App，并自动进入"我的"界面。

图 11-1　　　　　　　图 11-2

除使用默认抖音号登录之外，运营者还可以使用其他账号登录抖音盒子 App。具体来说，运营者可以点击图 11-2 中的"登录其他账号"按钮。执行操作后，运营者即可在跳转的"欢迎登录"界面中使用抖音号的认证手机号或者其他手机号登录抖音盒子 App。

11.1.3 为何要入驻抖音盒子

抖音平台本身就拥有大量的流量，只要做好抖音号运营，便可以获得比较可观的收益。那么，为什么还要花费心力来运营抖音盒子呢？这主要是因为运营抖音盒子有以下几个方面好处。

1. 快速获取更多的粉丝

只要运营者发布的内容比较有吸引力，那么便会有很多用户选择订阅你的账号，成为你的粉丝。另外，抖音和抖音盒子的粉丝数据并不是互通的，也就是说，抖音盒子是另一个获取粉丝的有效渠道。通常来说，获取粉丝的渠道越多，运营者积累粉丝的速度就会越快。因此，运营抖音盒子账号，对于快速获取更多的粉丝量，增加粉丝的整体消费能力也是有一定作用的。

2. 增加商品的曝光量

对于运营者来说，商品的宣传渠道越多，获得的曝光量通常也会越多。而且，抖音盒子是一个相对独立的 App，部分用户可能会使用该 App 来查找或购买商品。因此，运营者可以通过在抖音盒子 App 中发布短视频或开直播来向用户展示商品，从而增加商品的曝光量。

例如，运营者可以为商品拍摄专门的短视频，展示商品的外观、功能和优势等信息，并在短视频中添加商品购买链接。这样，随着运营者将短视频发布到抖音盒子 App 中，商品的曝光量也将随之增加。而且，用户看到短视频之后，还可以点击链接购买运营者推荐的商品。

3. 增加小店商品的销量

除了增加商品曝光量，运营抖音盒子还可以增加商品的销量。具体来说，运营者不仅可以通过短视频或直播宣传商品并增加某些商品的销量，还可以增加抖音小店中其他未宣传商品的销量。

通过短视频或直播宣传商品并增加某些商品的销量这一点很好理

解，部分用户看到宣传内容之后，会更愿意购买商品，商品的销量自然就增加了。而抖音小店中未宣传的商品也能增加销量，则是因为绑定了抖音小店的账号中会出现店铺入口，用户可以进入抖音小店中购买商品。所以，有时候即便运营者没有通过短视频或直播对某些商品进行宣传，其商品销量也会增加。

  例如，某账号的主页界面中便显示了"店铺"按钮，用户可以点击该按钮，如图 11-3 所示，进入对应抖音小店的"全部商品"选项卡，查看当前的在售商品。如果用户对某种商品感兴趣，可以点击该商品的封面或标题，如图 11-4 所示。执行操作后，即可进入该商品的详情界面，如图 11-5 所示，用户可以在该界面中查看商品详情或直接下单购买商品。

图 11-3　　　　　　图 11-4　　　　　　图 11-5

11.2　找到合适的引流方法

  在运营抖音盒子账号的过程中，运营者有必要掌握一些引流方法，

第 11 章 抖音盒子：电商推广的绝佳平台

这不仅可以提高内容的曝光量，还可以有效地提高自身的收益。这一节，笔者就为大家介绍几种常见的引流方法，大家可以从中选择适合自己的方法。

11.2.1 福袋引流

福袋中包含了直播礼物或抖币，所以一部分用户看到福袋之后，都会选择参与福袋活动。另外，运营者还可以设置参与福袋的方式，引导用户分享直播间（抖音盒子与抖音的直播间是互通的），从而达到引流的目的，具体操作步骤如下。

Step 01 进入抖音盒子的直播界面，点击界面下方的 图标，如图 11-6 所示。

Step 02 执行操作后，会弹出"功能"对话框，点击对话框中的"福袋"按钮，如图 11-7 所示。

图 11-6　　　　　　　图 11-7

Step 03 执行操作后，会弹出"抖币福袋"对话框，选择"参与方式"选项，如图 11-8 所示。

Step 04 执行操作后，❶选择"分享直播间参与"选项；❷点击"确定"按钮，如图 11-9 所示。

Step 05 执行操作后，"参与方式"选项后方会显示"分享直播间参与"，点击"发起福袋（100 抖币）"按钮，如图 11-10 所示。然后，直播间中会出现福袋的图标，并且会显示福袋开奖的倒计时。

图 11-8

图 11-9　　　　　图 11-10

11.2.2 账号引流

运营者可以合理利用自己的账号进行引流,具体来说,就是利用抖音盒子的流量,创建专门的社群,构建自己的私域流量池。例如,可以在账号简介中展示自己的联系方式,如图 11-11 所示。等用户添加你的联系方式之后,运营者就可以将其拉入社群中,让用户成为你的私域流量。

图 11-11

当然,运营者也可以换一下思路,在其他平台中展示抖音盒子账号的相关信息,增加抖音盒子账号的曝光量,让更多用户看到你的账号,并主动查看账号中的内容。

11.2.3 话题引流

有的用户会通过搜索话题关键词,查看自己感兴趣的内容。而且,抖音盒子平台中还带有"热门话题"功能,在短视频的播放界面中展示话题内容的入口。

运营者只需点击对应的热点话题按钮,如图 11-12 所示,即可进入该热点话题的详情界面,如图 11-13 所示。运营者可以查看该话题界面中相关的带货短视频,然后据此制作符合该话题的带货短视频,从而让你的带货短视频被更多用户看到。

图 11-12

图 11-13

11.2.4 口碑引流

抖音盒子平台会根据运营者的带货情况进行口碑的评估,并且会在直播的界面中显示其带货口碑的分数,如图 11-14 所示。因此,那些带货口碑比较好的运营者会获得更多流量。

用户点进直播间就可以看到这个账号的口碑分数,分数越高,用户就会越信任,也会更愿意继续观看你的直播内容。这样一来,运营者便可以借助口碑获得一定的流量。

当然,为了提高自身的带货口碑,运营者还需要做好选品、商品讲解和售后等工作，让用户享受良好的购物过程，这样才能让更多用户给出好评。

 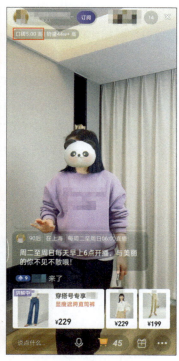

图 11-14

11.3 提高商品的转化率

很多运营者都会在发布的短视频中添加商品购物车，为有需要的用户提供购买渠道。对于这些运营者来说，商品转化的效果越好，自身获得的带货收益就越多。这一节，笔者就为大家介绍几个商品转化技巧，帮助大家有效地提高带货的收益。

11.3.1 看到商品的价值

一款商品要想获得较为可观的销量，必须要刺激用户的需求，让用户在看到商品的价值之后更愿意花钱购买。一些整体差不多的商品，在不同店铺中的销量却出现比较大的差异，这是为什么呢？当然，这可能与店铺的粉丝量有一定的关系，那么有的店铺粉丝量差距不大，商品销量差异却比较大，这又是什么原因呢？

其实，除了店铺自身的粉丝量，一款商品的销量还会在很大程度上受到店铺宣传推广的影响。如果运营者能够在抖音盒子的短视频中刺激目标用户的需求，商品的销量自然会更有保障。

那么，怎么刺激目标用户的需求呢？笔者认为关键就在于通过短视频的展示，让用户看到商品的用处，让用户觉得这款商品确实是值得购买的。

例如，某带货短视频就是通过向用户传达一种观念——"你缺的不是气质，你缺的只是一件凸显你气质的衣服"，并展示该服装穿上之后的效果，以增加用户的购买需求。

11.3.2 指出核心用户群体

虽然目标用户基数越大，接收信息的人数可能就会越多，但这并不代表获得的营销效果就一定会越好。

为什么这么说呢？这其实很好理解，因为购买商品的只是那些对商品有需求的用户群体，如果运营者没有针对有需求的用户群体进行营销，而是花费大量时间进行广泛宣传，那么很可能就会因为对核心用户群体把握不准而难以达到预期的带货效果。

在笔者看来，与其将商品进行广泛宣传，一味地扩大商品的用户群体，倒不如对商品进行分析，找出核心用户群体，然后针对核心用户群体进行带货。这不仅能增强营销的针对性，还能让核心用户群体一眼就看到商品对自己的用处。

图 11-15 所示为指出核心用户群体的短视频示例，有针对性地为"微胖女生"推荐商品，从而增加商品的销量。

 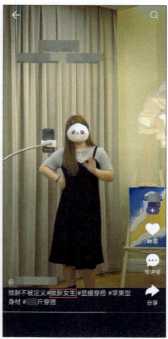

图 11-15

11.3.3 制作开箱测评视频

在抖音盒子平台上,很多人仅用一个"神秘"包裹,就能轻松拍出一条爆款带货短视频。下面,笔者总结了一些开箱测评短视频的拍摄技巧,具体如下。

(1)商品新鲜有趣:选择新奇、有趣的商品,能够给用户带来新鲜感。

(2)从拆包裹开始拍:展示拆快递包裹的画面,带动用户一起探索商品。

(3)亲自使用体验:运营者亲自测试,说出自己对于商品的使用体验。

(4)演技生动形象:善于搞怪,如幽默风趣的语言以及夸张的表情神态。

（5）让粉丝推荐商品：强调商品由粉丝提供或推荐，拉近与用户的距离。

图 11-16 所示为某款厨房油烟机清洁剂的开箱测评短视频，该短视频便是通过运营者亲自体验商品，展示其强劲的清洁力，引导用户进行购买的。

图 11-16

11.3.4　通过对比展示效果

如果运营者能够将同款商品（或者相同功效的商品）进行对比，那么用户就能直观地把握商品之间的差距，看到你的商品的优势。

当然，有的运营者可能觉得将自己的商品和他人的商品进行对比，有踩低他人商品的意味，可能会得罪人。此时，其实还可以转换一下思路，用自己的新款商品和旧款商品进行对比。这不仅可以让新款商品和旧款商品都得到展示，而且只要表达得当，新款商品和旧款商品的优势都可以得到展现。

　　例如，某带货短视频中就是将同品牌的新款蜜粉饼与散粉进行对比，以凸显蜜粉饼不容易哑光的优势。原本这个品牌的散粉质量就比较好，也获得了一大批忠实的用户，而通过短视频中的对比，用户就会觉得蜜粉饼更好用。这样一来，用户对于该蜜粉饼的购买欲望自然就提高了。